ちくま新書

天武天皇

寺西貞弘
Teranishi Sadahiro

1725

天武天皇【目次】

序章　本書の構成と課題

†天武天皇研究と本書の構成

天武天皇は、日本律令国家の基礎を築き、記紀の編纂に着手した天皇として、広く知られている。そのため、これまで多くの研究者によって、天武天皇は論じられてきた。そして、本書はその天武天皇を語ろうというのである。いまさら、何を語ろうというのかといぶかる人もいるだろう。そこで、本書の構成を略述して、本書が語ろうとする課題を明らかにしておきたい。

本書は、I～IIIの三部全八章からなっている。Iは「生涯」、IIは「皇親政治《こうしん》」、そしてIIIが「律令制度の導入」である。Iは、本書が語ろうとする天武天皇の生涯を概観するものである。IIは、天武朝政治が常識的に皇親政治であるといわれている。しかし、その皇親政治とはいかなるものだったかを明らかにしようとするものである。

皇親政治は、天皇が行う政治を皇親が補佐するものであると理解されてきた。しかし、皇親とはいかなる立場のものであり、その皇親がどのように政治にかかわっていたのかという問題が、これまで語られてきた天武天皇研究の多くの論文でも、明らかにされたとは言いがたい面があるように思われる。そのため、Ⅱでこの問題を取り扱うこととしたい。

天武天皇は、飛鳥浄御原令《あすかきよみがはらりょう》の編纂を命じている。それ以前に天智天皇が近江令《おうみりょう》を制定したという伝承もあるが、その実態は判明していない。それに対して、天武天皇が編纂を命じた浄御原令は、『続日本紀《しょくにほんぎ》』によると、大宝律令の祖型になったことが明記されている。このことから、古代律令国家形成過程において、天武天皇とその政治は極めて重要な存在であるといえるだろう。Ⅲでは、このような問題を取り扱うことにしたい。

すなわち、本書はⅠで天武天皇の生涯を概観し、その生涯を通じて、皇親政治と律令制度の導入実態を語ろうとするものである。以下、この三部のそれぞれについて、課題とする問題点を述べておきたい。

†Ⅰの課題――生涯

Ⅰは、第一章「天武天皇の前半生」と第二章「天武天皇の時代」である。前述の通り、天武天皇は非常に有名な天皇である。しかし、その前半生は不詳な点が多い。第一章では即位に至るまでの問題点を扱う。とくに、天武天皇については、その生年さえ不明である。また、天武天皇はその後宮に一〇人の女性を入れて一七人の子女を儲けている。それらの女性は、ほとんどが彼の龍泉《りゅうせん》の時代に婚姻関係を結んでいたものと思われる。それら主な女性との婚姻はどのようになされたのであろうか。

のちに持統天皇として即位する菟野皇女《うののひめみこ》は、即位当初から共治政治を行っていたといわれている。そして、それは目下定説として受け入れられている。しかし、それは本当のことであろうか。何よりも菟野皇女と天武天皇が婚姻に至った経緯すら明らかにされていないのではないだろうか。さらに、天智朝では天智天皇と大海人皇子《おおあまのみこ》（天武天皇）の共治政治があったとされ、それが通説として受け入れられている。しかし、天智紀を読む限り、「大皇弟《だいこうてい》」としての大海人皇子の活躍はそれほど顕著に認識することはできない。天智朝における大海人皇子の立場はどのようなものだったのであろうか。そして、『日本書紀』でほかに例をみない「大皇弟」という文言にはどのような歴史的な意味が込められているのであろうか。

また、天武天皇は古代最大の内乱といわれる壬申《じんしん》の乱に勝利して、皇位を奪取することになる。自らが共治体制の下で築き上げた政治体制を放棄して、出家してしまった彼が、なにゆえに、この内乱に勝利し得たのであろうか。このことは、天武朝政治を考えるうえで非常に大きな問題であるといえるだろう。第一章では天武天皇の即位に至るこのような問題を整理したい。

当然、第二章は即位してから崩御までを略述する。先にも述べたように、本書は天武天皇の行ったとされる皇親政治と律令制の導入について、具体的にみてゆくのが主眼である。そのためには、天武天皇の天皇として行った政治を概観しておく必要があるだろう。そのため、天武紀の記述を概観することにしたい。したがって、第二章はⅡ以降で述べる問題点を明らかにしようとするものである。

†Ⅱの課題――皇親政治

Ⅰでは、天武天皇の生涯を概観することにした。ところで、天武天皇の政治は皇親政治であるといわれている。そこで、Ⅱでは皇親政治とは何かを考えてみることにしたい。このため、Ⅱでは、第三章「天武天皇の皇親たち」、第四章「天武朝政治の担い手たち」、第五章「皇親政治の本質」の三つの章を設けた。

まず、皇親政治を考える前提として、皇親とは何なのかを明らかにする必要があるだろう。そのため、まず、天武天皇の皇子たちに焦点を当てたい。もちろん、その皇子たちを儲けた女性たちと天武天皇との接点にも注目したい。とくに、そのような女性の中でも、菟野皇女は天武朝政治において共治政治を行った女性として扱われている。天武朝の皇子たちを考えるうえで、彼女の存在は極めて重要なものといえるであろう。したがって、彼女の立場の変遷を明らかにする必要があるだろう。

次いで、天武朝の皇子や諸王が、どのように政治にかかわったかを明らかにする必要があるだろう。ただ、皇子は天皇の子として理解することができるが、諸王とはどのような存在だったのであろうか。もちろん、諸王も歴代天皇からの系譜をひく人々であったことは間違いないであろう。しかし、どれほど遠縁であっても、それはあくまでも皇親といえるのであろうか。

律令制度下においては、継嗣令皇兄弟子条《けいしりょうこうけいていしじょう》において、「凡そ皇兄弟子は、皆親王と為せ、女帝の子も亦同じ、以外は並びに諸王と為せ、親王より五世は、王の名を得ると雖も皇親の限りに在らず」という規定がある。すなわち、親王より五世は王を称することができるが皇親ではないというのである。天武朝においてはこのような規定があったのであろうか。もしあったとするならば、いかなる必要性があって、天武朝にそのような規定が設けられたのであろうか。そして、その規定の内容は律令制度下との異同はどのようだったのであろうか。第三章では、「天武天皇の皇親たち」として、このような問題を考えたい。

天武天皇は、一人の大臣を置くこともなく、専制政治を行ったといわれている。しかし、天武紀を読めば、「公卿大夫《くぎょうたいふ》」という言辞が頻繁にみられる。周知の通り、議政官たる大臣は「公卿」とも呼ばれていた。それでは、天武紀にみられる「公卿」はどのような立場の人を指すのであろうか。

また、天武朝は皇親政治の時代であるといわれているが、天武朝の皇子たちが政治に携わっている具体的な動向を知ることができない。これでは、従来いわれてきた皇親政治とは大きく乖離しているように思われる。ただ、年若い皇子ならば、致し方なかったかもしれないが、比較的年長の高市皇子《たけちのみこ》・草壁皇子《くさかべのみこ》・大津皇子《おおつのみこ》が政治に携わるようになるのはいつのことなのだろうか。そしてそれら皇親たちは、どのような政治へのかかわり方をしたのであろうか。第四章では、「天武朝政治の担い手たち」として、このような問題を考えたい。

天武天皇一四年に、皇子・諸王を対象とした皇親冠位制が施行される。まさしく、天武朝が皇親政治の時代だというにふさわしい出来事であろう。しかし、その冠位制度は、持統天皇によって大きく改正されることになる。天武天皇と共治政治を行っていた持統天皇は、天武天皇の死後に方針を大きく変えたのであろうか。それとも、持統天皇の行った大改正は、天武天皇の意図を発展させたものだったのであろうか。

また、注意しなくてはならないのは天武朝に至るまで、政治に官職を得て参加したのは、太政大臣となって天智朝政治に携わった大友皇子《おおとも》ぐらいしか指摘できないという点である。これは何を意味しているのであろうか。

天武朝以後、多くの皇親が政治に携わるようになった。しかし、奈良朝後期以後、政治に携わる皇親がいるにもかかわらず、その政治を皇親政治と呼ぶことはない。すなわち、皇親政治は終焉を迎えたのである。それはなぜなのであろうか。第五章では「皇親政治の本質」として、このような問題を考えたい。

†Ⅲの課題――律令制度の導入

天武朝は、皇親政治の時代であるといわれるが、その一方で、律令制度導入の時代であるともいわれている。確かに、大宝令の祖型となる飛鳥浄御原令の編纂を命じたのは、天武天皇その人なのであるから、そのように評されるのも当然かもしれない。しかし、浄御原令の条文は残っておらず、ましてや浄御原令施行以前の状態はさらに不明な点が多い。そのため、Ⅲでは、第六章「天武朝の政治組織」、第七章「天武天皇と律令国家」、第八章「天武天皇と仏教政策」の三つの章を設けてこの問題を考えてみたい。

天武紀を読むと種々の官司の名称をみることができる。まずこれらを総覧したうえで、それぞれの官司の職務内容(役割)を推定してみることにしてみたい。そして、それら官司がどのように連携していたかも推定してみたい。また、天武天皇はたびたび新しい都を作ろうと試みている。このことが、天武朝政治とどのように関係しているのかも考えてみたい。さらに、天武紀には様々な地方国の状況が語られている。このことから天武朝における地方組織についても考えてみたい。第六章では、このような問題をみてゆきたい。

前述の通り、天武朝は確かに律令制度導入の時代であった。しかし、我が国が律令制度の導入を渇望したのはなぜなのだろうか。このことを明らかにすることによって、我が国律令制度導入過程における天武朝の位置づけが、おのずと明らかになると思われる。また、浄御原令が大宝令の祖型になるといわれているが、その異同関係についても考えてみる必要があるだろう。

浄御原令は持統天皇三年六月に完成し、その後大宝元年に完成した大宝令にとってかわられる。このことから、持統紀および大宝元年までの『続日本紀』を精査することによって、浄御原令の内容を推定することができるのではないだろうか。浄御原令は、それを施行した持統天皇ではなく、編纂を命令した天武天皇の律令であるといわれている。すなわち浄御原令の内容を知ることによって、天武天皇の目指した政治体制も知ることができるのではないかと思われる。

浄御原令は天武天皇一〇年に編纂が命じられ、持統天皇三年に完成している。すなわち、七年間を要したことになる。しかし、天武紀を読むと浄御原令の編纂が命じられる以前から、後代の律令制度下の法令に類似した命令をみることができる。これらの天武朝の記述と浄御原令との関係も考えてみる必要があるだろう。第七章では、これらの問題を考えてみたい。

天武紀を読むと、前後の時代に類をみないほどの仏教関係記事をみることができる。その中には、後代の律令制度下における僧尼令《そうにりょう》と類似した命令をみることができる。しかも、浄御原令の編纂が命じられる以前においても、みることができるのである。そのため、天武紀の仏教統制政策を総覧し、その政策と後代の僧尼令とを比較する必要があるだろう。

天武朝の諸政策の中で、ことさらに仏教政策に注目するのには、大きな理由がある。天武天皇は、壬申の乱に先立って出家しているのである。そのことによって、彼は命を長らえ、壬申の乱に勝利を得て皇位についているのである。もちろん、その出家が真の出家だったのか、緊急避難的な方便だったのかは、意見の分かれるところであろう。しかし、彼は明らかに仏教界に身を寄せることによって、乱の勝利に歩を進めたことは間違いないであろう。

すなわち、天智朝においての仏教界は、政治的に手を施すことのできない世界だったのである。乱に勝利した天武天皇は、そのような仏教界をどのようにしたかったのであろうか。極めて興味深い問題と思われる。第八章では、このような問題を考えてみたい。

以上、本書が全三部八章にわたって語るべき課題を列記した。もちろん、天武天皇に関して他に語るべき課題があるだろう。事実、本書の構成上、問題意識を持ちながらも、割愛した課題もある。ただし、それらについては、できるだけ第二章で問題提起だけはしておいたつもりである。また、引用した学説は、できるだけ出典を明らかにしたつもりである。さらに引用史料については、出典を明示するとともに、新書という観点から、できるだけ書下し文にした。史料を読む楽しさを味わっていただければ幸いである。

Ⅰ 生涯

第一章　天武天皇の前半生

天武天皇は、全国を巻き込んだ天武天皇元年の壬申の乱に勝利し、一五年に及ぶ治世を行った。しかし、天武天皇の生い立ちや幼少期のことに関しては、あまりにも不明な点が多いのも事実である。日本書紀の天智紀において、天智天皇の弟である大海人《おおあま》皇子（のちの天武天皇）は「大皇弟《だいこうてい》」と呼称されている。律令制導入が図られる以前の古代においては、兄弟相承が一般的に行われていた(1)。そのため、その天皇の治世下において、その天皇の弟が注目され、特筆されることは多くみられる。しかし、それら天皇の弟がこのように「大皇弟」と呼称された例はない。

天智紀におけるこのように異例な呼称と、天武天皇の強力な政治力は、一朝一夕《いっちょういっせき》に培われたものではないだろうという推測の下に、天智朝においては、天智天皇と弟の大海人皇子との共治体制が存在したといわれている(2)。それでは、大海人皇子は天智朝において、いったい何をしたのであろうか。「大皇弟」という呼称には、どのような意味があるのだろうかという疑問が生じる。本章では、以上のような問題意識に基づいて、天武天皇の即位に至るまでの前半生を考察するものである。そのため、即位以前の彼を呼称する際には、即位後の立場と識別するため、特別な事情のない限り、「大海人皇子」と称することにする。

まず本章では、彼の親族関係及び生年を推定したい。次いで、天智朝において彼が果たした役割について考察してみたい。当然、その天智朝末年における立場が、天智天皇崩御後の政局に、大きくかかわるものと思われる。そのため、その立場を大友《おおとも》皇子と比較することによって、壬申の乱に至り、即位を果たすまでの経緯をも再検討してみたい。

1 両親と兄弟姉妹

†大海人皇子はいつ生まれたか

舒明《じょめい》紀二年(六三〇)正月一二日条によると、舒明天皇の皇妃子女列記記載を次のように記している。

二年春正月丁卯に、宝《たから》皇女を立てて皇后と為す、后二男一女を生む、一を葛城《かつらぎ》皇子と曰く、

近江大津宮御宇天皇なり、二を間人《はしひと》皇女と曰く、三を大海人皇子と曰く、浄御原《きよみがはら》御宇《にあめのしたしろしめす》天皇なり、

すなわち、舒明天皇は皇極天皇（宝皇女）との間に、三人の子女を儲けたのである。第一番目が葛城皇子で、のちに即位して天智天皇となる。二番目が間人皇女で、叔父の孝徳天皇の皇后となる。そして、三番目が大海人皇子で、のちに即位して天武天皇となる。なお、この列記順序は、誕生順に基づいているものと思われる。すなわち、天智天皇と大海人皇子の間には、間人皇女が生まれており、天智天皇と大海人皇子の間には、年齢差のあったことをうかがわせている。

それでは、大海人皇子は、いつ生まれたのであろうか。天智天皇は、舒明紀一三年一〇月一八日条に、「丙午に宮の北に殯《もがり》す、是を百済の大殯《おおもがり》といふ、是の時、東宮開別《ひらかすわけ》皇子、年十六にして誄《しのびごと》す」とみえる。このことから、その誕生は推古三四年（六二六）であることが分かる。しかし、大海人皇子の年齢を推測する史料は、記紀を通じて知ることはできない。『本朝《ほんちょう》皇胤紹運録《こういんしょううんろく》』によると、その天武天皇の注記として、「推古三十一年誕生、（中略）朱鳥《あけみどり》元年丙戌崩六十五」とみえる。しかし、これを信用するならば、同母弟の大海人皇子が同母兄の天智天皇よりも三歳年長になってしまう。

川崎庸之《つねゆき》氏は、天武天皇の生涯を概略し、この矛盾を指摘したうえで、六五歳は本来五六歳であるべきところを、倒錯させてしまったのではないかと提唱された。(3) これによるならば、大海人皇子の享年は五六で、その生年は舒明天皇三年(六三一)となり、同母兄の天智天皇よりも五歳年少となり、兄弟間の年齢逆転は解消される。しかも、川崎説以後それほどの異論がなかったため、大方の人々に受け入れられてきた。

しかし、『本朝皇胤紹運録』には、その誕生年を「推古三十一年」と明記している。そこから起算すると、間違いなく享年は六五となる。このことから、単純な倒錯ではなかったと思われる。

†天智・天武両天皇は約一〇歳差

これに対して、神堀忍《かんぼりしのぶ》氏は、『本朝皇胤紹運録』に記された天智天皇の生年に注目される。そこには「推古天皇廿二年降誕」とある。これは、『日本書紀』から得られる彼の生年を十二支一巡繰り上げていることになるのである。大化改新という偉業を成し遂げた天智天皇の生年を、『本朝皇胤紹運録』は一二年繰り上げているのである。同様に、大海人皇子の生年も、実際の生年よりも一二年繰り上げていると推定するのである。したがって、その実際の生年は、推古天皇三一年から一二年後の舒明七年(六三五)であったと提唱されたのである。(4)

神堀説によるならば、川崎説の単なる倒錯によるとするものではなく、十二支一巡という算定根拠を提示している。また、『本朝皇胤紹運録』に記す「推古三十一年」の誕生年も、実際の生年よりも一二歳遡らせて算出したものとなり、その記載意味を有するものと考えることができる。その意味で、神堀説には説得力があるようにも思われる。さらに神堀説によると、天智天皇と大海人皇子の年齢差が九歳にもなる。このことから、天智天皇の大海人皇子に対する意識は、自らを兄というよりも、保護者であったと推定された。

たしかに、天智天皇の政治的な初登場が、先述の通り舒明天皇一三年であるのに対し、大海人皇子のそれが、二二年も遅い天智天皇三年のことである。このことからも、神堀説には説得力があるように思われる。もちろん、『本朝皇胤紹運録』の原資料が、大海人皇子の正確な生年を理解していたという前提においてのみ成立する推測である。

ただ、先述のように、天智天皇と大海人皇子の間に、間人皇女が生まれていること、後述するが大海人皇子の政治的活動の始まりが、天智天皇三年まで確認できないことから、両者にかなりの年齢差があり、神堀説を容認する余地があるのではないかと思われる。加えて、遠山美都男《つお》氏が別の観点から、天智・天武両天皇の年齢差を考察された結果が、この神堀説を、大いに補強しているものと思われる(5)。

遠山氏は、両天皇の初生子《しょせいし》に注目される。天智天皇の初生子は、大田《おおた》皇女と思われる。彼女の生年は不詳であるが、同母妹の菟野《うの》皇女の生年は、大化元年であるから、その直前と思われる。一方、天武天皇の初生子は高市《たけち》皇子で、後に述べるが、その生年は白雉《はくち》五年と思われる。両天皇が当時の慣習に基づいて、ほぼ同じ年齢で初生子を儲けたのであれば、大田皇女と高市皇子の年齢差が、そのまま両天皇の年齢差に反映されていると考えることができる。このことから、両天皇の年齢差は約一〇年程度となり、神堀説にいう年齢差九歳とほぼ同じ結論となるのである。これらのことから、ここでは以後大海人皇子の生年を舒明天皇七年頃と、一応考えておきたい。

2　天智朝における立場の変遷

†婚姻の背後にある天智天皇の思惑

大海人皇子が政治上活躍するのは、次に示す天智天皇三年（六六四）二月九日のことである。

三年春二月己卯朔丁亥、天皇、大皇弟に命じて、冠位の階名を増し換へ、及び氏上《このかみ》・民部《かきべ》・家部《やかべ》等の事を宣す、この冠位改正の意味についてはのちに考察するが、この時大海人皇子は三〇歳頃であった。直木孝次郎氏は、この政治的登場を、大海人皇子が皇嗣《こうし》の地位を得たものだと理解される。(6)しかし、この政治的登場は、いささか遅すぎるのではないかと思われる。令制下における一般官人の出身年齢は二五歳であり、そして蔭をもって出身する際は二一歳である。(7)事実天智天皇は、一六歳で舒明天皇の 誄《しのびごと》 を奉っているのであり、令制以前ではその規定年齢よりもむしろ早かったのではないかとも思われる。このことから、神堀説にいうような保護者としての感情よりも、天智天皇は、年の離れた実弟の大海人皇子に対して、皇位継承の対象者としての警戒心を有していたのではないかと思われる。

ただ、前掲の舒明紀の皇妃列記記載記事以後、大海人皇子に言及した記事は、この時まで皆無である。そこで、この時までの彼の動向を推定してみたいと思う。彼の第一子は、筑前の豪族胸形君徳善《むなかたのきみとくぜん》の娘・尼子 娘《あまこのいらつめ》 を娶って儲けた高市皇子である。その生年は、『公卿補任《くぎょうぶにん》』の記述から逆算すると、白雉五年(六五四)ないしは斉明《さいめい》元年(六五五)である。すると、大海人皇子は、一九歳か二〇歳で第一子を儲けたことになる。(8)その母親が九州の地方豪族の女性であることから、采女《うねめ》として献上された女性と、その前年頃に婚姻関係を結んだのであろう。(9)

その後、天智天皇元年に菟野皇女との間に草壁皇子を儲けており、その翌年には大田皇女との間に大津皇子を儲けている。菟野皇女も大田皇女も、天智天皇の皇女であり、天智天皇が大海人皇子との紐帯《ちゅうたい》を強く結ぶ必要を、この頃強く感じたものと思われる。

持統天皇即位前紀によると、大海人皇子と菟野皇女の婚姻は斉明天皇三年のことだとしている。この時点で天皇は六四歳の高齢に達している。おそらくこの時点で中大兄《なかのおおえ》皇子は、次期天皇になることへの心の準備ができていたことだろう。その際、年齢差があるにせよ、最大の対抗馬は実弟の大海人皇子である。そこで、兄弟間の上下関係を明らかにするためにこの婚姻が中大兄皇子によって計画されたものと思われる。

当時の婚姻形態は招婿婚《しょうせいこん》であるから、大海人皇子は菟野皇女の実家である中大兄皇子の宮殿に通わなくてはならないことになる。そしてその都度、大海人皇子は中大兄皇子に、義父に対する礼を取らなくてはならない。弟である以上に義息でもあることが内外に示されるのである。このことによって、両者の上下関係が明らかにされるのである。

†百済遠征の失敗

そうだとするならば、大田・菟野両皇女は、ほぼ同時に大海人皇子に嫁した可能性が高いだろう。(10) これによって、大海人皇子が義父に対する礼をとる機会が倍になり、より上下関係を明らかにすることができるのである。後に菟野皇女が正妃として扱われたのは、大田皇女よりも先に男子を儲けたことと、大田皇女が早世したことによるものであろう。すると、天智天皇が大海人皇子と紐帯を結ぶ必要を感じたのは、その前年の斉明天皇七年（六六一）頃ということになる。斉明天皇が、この年の七月二四日に崩じ、皇太子であった天智天皇が、百済救援戦争の全責任を負うことになった時期である。ところで、斉明天皇七年正月八日、天皇は自ら軍を率いて、百済救援のため北九州まで遠征の旅に出た。同日条によると、「御船大伯海《おおくのうみ》に到る、時に大田皇女女《むすめ》を生む、仍《よつ》て是の女を名つけて大伯皇女といふ」とみえる。このことから、この遠征軍に大田皇女が同道していたことが分かる。彼女がその地まで赴いていたということは、当然大海人皇子も同道していたことになるだろう。この遠征軍は、その後、大伯海・伊予熟田津《にぎたう》を経て、三月二五日に娜之大津《なのおおつ》に到着している。

この遠征軍の畿内への帰還は、『日本書紀』には明示されていない。白村江で大敗を喫した日本軍は、天智天皇二年九月二四日に朝鮮半島の弖礼城《てれさし》に集結し、その翌日日本に向けて帰国の途に就いた。『日本書紀』は、その直後に三年二月二九日条を設けて、前掲の大皇弟による冠位改正の発布が宣言されている。[11] したがってこの時までに、外征軍は畿内に帰還していたことになるだろう。このように考えると、この遠征は、斉明天皇七年正月から天智天皇二年末頃までであったと考えてよいだろう。そして、この遠征軍に大海人皇子は間違いなく同道していたのである。大海人皇子二七歳から二九歳の頃のことであった。

この遠征に、大海人皇子は妻子までもを連れて同行していたのである。それでは、彼はこの遠征で何をしたのであろうか。遠征中に子を成した以外、その動向は全く不明である。先に、天智天皇は彼に警戒心を有していたと述べた。このように考えると、遠征中の畿内で、彼が謀《む》反《ほん》を起こすことを警戒した可能性は否めないだろう。[12]それゆえ、天智天皇は遠征中に何をさせるわけでもなく、大海人皇子を九州まで同道させたのではないだろうか。そして、外征軍が畿内に帰還するや、最初に行ったのが、天智天皇の命を奉じて、大海人皇子が冠位改正を発布したことなのである。このことから、この冠位改正は、百済遠征失敗後の善後策として行われた政策であると考えて間違いないであろう。そして、それが天智天皇ではなく、大海人皇子によって発布される必要性があったものと考えられよう。

†懐柔策としての官位改正

百済遠征は、未曾有の大失敗に終わった。その主力軍は国造を中心とする豪族たちであった。[13]したがって、この遠征失敗による被害を最も受けたのは豪族たちであった。その豪族たちの不満の矛先は、当然最高責任者である斉明天皇に向けられるはずであった。しかし、天皇は既に崩御してしまっていた。そのため、その不満の矛先を受けるのは天智天皇であった。

そのような豪族たちの不満に応えようとしたものが、この冠位の改正であったと思われる。

この時の冠位制とその直前の大化五年の冠位制とを比較すると、後の議政官《ぎせいかん》に相当する織冠《しょくかん》・繡冠《しゅうかん》・紫冠《しかん》はそれぞれ変わりがない。それに次ぐ大化五年制の花冠《かかん》は大小に分かれ、それぞれがさらに上下に分かれ、総じて四階であった。これに対して、天智三年制でそれに対応する錦冠《きんかん》が大小に分かれ、それぞれがさらに上中下に分かれて六階になっている。大化五年制は総じて一九階で、天智三年制は二九階であるが、主として中下級官吏を対象とする冠位が細分化されているのである。これは、多くの豪族たちに冠位をいきわたらせるとともに、上下関係を細分化し、彼らの上昇志向に対応しようとしたものだったと思われる[14]。

そして、豪族を懐柔するためのこのような場にさえも出ることができないほど、天智天皇に対する豪族たちの怨嗟の声は激しいものだったのである。それゆえ、天智天皇が警戒心を持ちながらも、最も近親者である大海人皇子が、そのことを発布することになったのである。このように考えると、斉明天皇の崩御を受けて、天智天皇は即座に即位せず、称制のままで七年を過ごすが、その背景にも豪族たちの怨嗟の声を憚《はばか》った措置であったと考えて間違いないだろう[15]。

それでは、その後天智天皇は、このような事態にどのように処したのであろうか。天智天皇三年五月一七日、唐の百済進駐軍の責任者である劉仁願《りゅうじんがん》が、朝散大夫郭務悰《ちょうさんたいふかくむそう》等を遣わして表函と献物を奉ってきた。しかし、郭務悰の肩書が、天智天皇六年一一月九日に遣わされ[16]、捕虜を送還してきた熊津《ゆうしん》都督府熊山《ゆうぜん》県令上柱《じょうちゅう》国司馬法聡《ほうそう》よりも明らかに軽輩であることから、かなり高圧的な内容であったと思われる。事の成り行きによっては、唐軍の来襲によって、再び戦争が生じる可能性があり、豪族たちは不安に陥ったことだろう。政府はこれに対処するため、天智天皇四年八月には、長門・筑紫に城を築き、さらに天智天皇六年一一月には大和・讃岐・対馬に城を築かせている。豪族の怨嗟の声を憚った天智天皇は、おそらくこれらの命令を弟の大海人皇子を通して触れさせたものと思われる。

　大海人皇子のそのような行為は、単に有力な皇位継承候補者としての「皇弟《こうてい》」ではなく、天皇と共治する偉大な「皇弟」に思われたであろう。それゆえに、このような大海人皇子の行動が、彼を「大皇弟」と評さしめたのであろう。

†天智天皇の即位と大海人皇子の立太子

　この間、天智天皇は豪族たちの怨嗟の声におびえ続けた。それでは、そのような事態はいつ頃まで続いたのであろうか。先に指摘した天智六年の司馬法聡の来日は、大山下《だいせんげ》境部連《さかいべのむらじ》石積《いわつみ》等の送還のための来日であった。石積は、唐軍に捕られた捕虜であったと思われる。捕虜の送還は、日唐間の雪解けを感じさせるものである。さらに、天智天皇八年八月三日には、高安城の修築を計画するが、民情に鑑みてそれを中止し、人々が喜んだと記されている。唐軍の来襲に備えるべき城塞は、この頃までに不要になっていたのである。日唐間の戦争の可能性が遠のいたことが分かる。ここに至って、豪族たちは胸をなでおろしたことであろう。

さらに、天智天皇六年三月一九日条によると、近江京への遷都を断行している。同条によると、「天下の百姓、都遷《うつ》すを願わずして、諷《そ》へ諫《いさ》める者多し、日々夜夜失火の処多し」とみえる。「天下の百姓」と記してはいるが、豪族たちの相当の反発があったものと思われる。しかし、それでも遷都は断行されたのである。すなわち、政府の力は豪族の怨嗟の声を抑えることができたのである。戦争の可能性が遠のき、豪族たちの恐怖心が払拭され、それらによって政府の威令が復活したのである。これらのことを確認した上で天智天皇は、その七年正月三日に即位礼を行い、正式に天皇に即位したのである。

それでは、天智天皇の代役を務めていた大海人皇子は、天智天皇の即位によってその後どのようになったのであろうか。天智天皇にしてみれば、豪族の怨嗟の声をかわすために、緊急避難的に自らが警戒心を抱いている大海人皇子を、政治の舞台に上がらせたのである。天智天皇が正式に即位できる状況になれば、もはやその必要性はなくなったと言えるだろう。ところが、壬申紀の即位前紀には、「天開別天皇の元年に立ちて東宮と為る」とみえる。ここに、「元年」とあるのは、天智天皇即位元年のことであり、称制七年の意味である。すなわち、天智天皇はその即位と同時に立太子《りったいし》させたというのである。

直木孝次郎氏は、この記事を信憑性のあるものと評価される。(17) しかし私は、若干の検討を要するものと考える。天智紀において、大海人皇子は、天智天皇三年二月九日条で冠位改正を発布した時は、「大皇弟」と称されている。天智天皇即位直後の、同七年五月五日条で近江蒲生野に遊猟した際も「大皇弟」と称されている。同八年五月五日条の山科《やましな》遊猟の際も「大皇弟」である。しかし、天智八年一〇月一五日条で藤原鎌足《ふじわらのかまたり》を見舞った際には、「東宮大皇弟」となり、以後一貫して「東宮」と称されていることかが分かる。

すなわち、天智紀では天智天皇八年五月五日以後同年一〇月一五日以前に、大海人皇子は立太子したことを明瞭に示しているのである。総括的に記された即位前紀よりも、日次形式で記された条文から得られた結論を優先させるべきであろう。伝承時代の皇太子が、天皇の即位年に立太子していることから、それに准じて記されてしまったのであろう。すなわち、天智天皇の即位後一年半ほどして、大海人皇子は立太子したものとして扱われるようになったのである。もちろん、皇太子制度の成立過程には諸説があるので、ここでは皇嗣として扱われるようになったという表現にとどめておきたい。(18)

†疑心暗鬼に満ちた共治体制

そこには、どのような事情があったのだろうか。天智天皇即位後の七年五月五日、「大皇弟・諸王・内臣及び群臣皆悉《ことごと》く」を従えて、天皇は蒲生野《がもうの》に遊猟した。この遊猟のことは

『万葉集』でも扱われているが、[19]ここでは「大織冠伝《たいしょくかんでん》」の記述が参考になるだろう。遊猟の後に饗宴となったが、宴たけなわとなった時、大海人皇子が槍で敷板を刺し貫いたとあり、天皇は驚き怒ったが、鎌足のとりなしで事なきを得たと記している。[20]「大織冠伝」は、鎌足の一代記であり、その功績を過大に評価する傾向はあるが、天皇と大海人皇子の間に、何かの行き違いがあったことは認めてもよいだろう。しかも、そのような行き違いがありながらも、大海人皇子がその後に皇嗣として扱われるようになるのである。ちょうどこの時期は、天智天皇の即位の直後であり、天皇が堂々と表舞台に登場しようという時期である。すなわち、大海人皇子を代理に建てていた政治に、終止符を打とうとした時期でもあった。それに伴う大海人皇子の処遇に関しての、行き違いではなかったかと思われる。[21]

この件に関しては、鎌足のとりなしがあったとされるが、むしろこの時、大海人皇子に与《くみ》する官僚が、天智天皇の想像を超えて多かったのではないだろうか。事実、壬申紀の天智天皇四年（天智紀一〇年）一〇月一七日条によると、天皇に譲位を提案される直前に大海人皇子に心を寄せる蘇我安麻呂《そがのやすまろ》の存在が記されている。おそらく安麻呂のような官僚の多いことを、天皇はこの蒲生野遊猟の際の饗宴で、改めて認識したのであろう。

天智天皇称制中の大海人皇子の政治手腕はそれほどまでに評価され、動かしがたい存在になってしまっていることに、天智天皇は気づかされたものと思われる。大海人皇子の処遇を怠れば、皇子に与する人々の反発を受けることを畏れた天智天皇は、皇子を皇嗣として扱わざるを得なかったであろう。したがって、これを共治体制ということは、あながち間違いではないだろう。しかし、天智天皇も大海人皇子も、それぞれ背後に支持勢力を有しており、疑心暗鬼に満ちた共治体制であったと評することができるだろう。

3　天武天皇と大友皇子

†天智天皇の病に伴う大海人皇子の動き

天智朝における大海人皇子は、称制期間中は「大皇弟」と称され、天皇の代理として、即位後しばらくしてからは皇嗣として、間違いなく天智天皇との共治体制の中で活動していた。このことを確認した上で、壬申の乱の原因となったとされる大友皇子との関係を考察してみよう。

天智天皇一〇年一〇月一七日条には、次のように記されている。

庚辰に、天皇疾病彌留《おも》し、勅《ちょく》して東宮を喚《よ》びて臥内《おおとの》に引入れ、詔して曰く、朕疾《われやまい》甚だし、後事を以て汝に属《つ》くと云々、是に、再拝して疾を称して固辞し、受けずして曰く、洪業《ひつぎ》を大后に付属し、大友王をして諸政を奉宣《ほうせん》することを講《こ》ふ、臣は天皇の為に出家修道せんことを講ふ、天皇許す、東宮起て再拝し、便《すなわ》ち内裏仏殿の南に向かひて、胡坐《あぐら》に踞坐して鬢髪を剃除し、沙門《しゃもん》と為る、是において、天皇次田生磐《すきたのおいわ》を遣わして袈裟を送る、

この日、病の重篤を得た天皇は、大海人皇子を呼び入れて、譲位の意志を打ち明けた。皇子は固辞して、皇位を倭姫《やまとひめ》皇后に託し、大友皇子にその命令を発声させればよいと提案した。そして、自分は天皇のために仏道修行をしたいと願い出た。天皇はそれを許可したので、大海人皇子は、内裏仏殿の南に胡坐して剃髪し、沙門となってしまった。天皇はこれを受けて、皇子に袈裟を贈った。その二日後、皇子は吉野での修行を申し出て許可されたので、即日吉野に向かった。ほぼ同内容の記述が壬申紀即位前紀に、次のようにみられる。

四年冬十月庚辰に、天皇臥病《やまい》痛み甚だし、是に蘇我臣安麻呂を遣わして東宮を大殿に引入る、時に安麻呂素より東宮に好する所なり、密かに東宮を顧みて曰く、有意《こころしら》ひて言へと、東宮、茲《ここ》に隠せる謀《はかりごと》の有らむことを疑ひ慎みたまふ、天皇、東宮に勅して鴻業《ひつぎ》を授く、乃ち辞譲して曰く、臣は幸いならず元より多く病有り、何ぞ能く社稷《くにいえ》を保たむ、願わくは、陛下、天下を挙げて皇后に附せたまへ、仍《なお》、大友皇子を立てて儲君《もうけのきみ》としたまへ、臣は、今

日出家して、陛下の為に、功徳を修さんともうす、天皇聴す、即日出家して法服をきたまふ、因て以て私の兵器を収りて司に納む、

この書き出しが「四年」になっている。これは、称制元年から数えて、称制七年に即位したため、称制一〇年が即位四年になることから、同じ年を指している。ただ、天智紀は称制元年を一貫して天智紀年としているが、壬申紀は即位元年を天智紀年としている。このことから、天智紀と壬申紀の筆録者は明らかに異なっていることが分かる。(22) すなわち、天智紀と壬申紀の表現の異なりは、各筆録者の認識の違いからくるものであると考えることができる。

ともあれ、この日病の重篤を得た天皇は、大海人皇子を枕席《ちんせき》に呼び入れた。皇子を迎えに行ったのは皇子に心を寄せていた蘇我安麻呂であった。安麻呂が皇子に注意を喚起したので、皇子は用心を心掛けた。対面した天皇は、皇位を皇子に託そうとした。皇子は病気を理由に固辞し、倭姫皇后の即位と大友皇子を皇嗣（儲君）にすることを提案した。そして、自分は天皇のために仏道修行することを申し出て、即日法服を身に着け、一切の兵器を政府に収めた。そして二日後の一九日に、吉野へと出発し、二〇日に吉野に到着している。

†大友皇子の出自とその動向

天智紀も壬申紀も極めて似通っている。ただ、両者が最も異なる所は、大海人皇子が大友皇子の処遇について提案した内容を、天智紀が「大友王をして諸政を奉宣することを講ふ」としているのに対して、壬申紀が「大友皇子を立てて儲君としたまへ」としている点である。「諸政を奉宣する」であれば、称制時代に天智天皇に替わって、大海人皇子が政令を発布するという意味と同じように採ることができる。これに対して、「儲君としたまへ」ならば、明らかに皇嗣に指定したことになる。政令発布者なのか、それとも皇嗣なのかでは、大きく意味が異なってしまう。このことを明らかにするために、大友皇子の動向をしばらく確認しよう。

天智紀七年二月二三日条によると、「又伊賀采女宅子娘在り、伊賀皇子を生めり、後の字を大友皇子と曰く」とある。伊賀郡から献上された采女と天皇の間に生まれた子であることがわかる。『懐風藻《かいふうそう》』所収の大友皇子伝によると、壬申年に二五歳で薨去《こうきょ》しているので、大化四年の生まれである。(23)天智天皇所生の男子は他に、蘇我山田石川麻呂の娘の越智娘《おちのいらつめ》が儲けて斉明朝に早逝した建《たける》皇子、忍海造小龍《おしぬみのみやつこ》の娘色夫《しこぶ》子娘《このいらつめ》が儲けた河嶋皇子、越道君伊羅《おちのきみのいら》都売《つめ》が儲けた施基《しき》皇子がいた。天智朝に生まれていた男子のうち、河嶋皇子は『懐風藻』所伝によると斉明天皇三年の生まれである。(24)施基皇子の生年は不詳であるが、天武天皇八年の吉野盟約において、参加した六人の皇子の最末尾に記されていることから、河嶋皇子よりも若年であったと思われる。(25)すなわち、大友皇子は天智天皇所生皇子の中で、最年長であったことになるだろう。

天智紀七年の皇妃子女列記記事以後、大友皇子の動向が初めてみえるのが、天智紀一〇年正月五日条の太政大臣任官であった。この太政大臣任官については、天智天皇がこの時点で大友皇子を皇嗣にする意思があったとする直木氏は、「太政大臣になることは、皇位継承者すなわち皇太子になることと、ほとんど同じと考えられていた」とされる。[26] 奈良時代に至るまでの太政大臣任官者は、高市皇子だけであるが、奈良時代に天武天皇の皇子たちが相次いで任命された知太政官事をも指しておられるものと思われる。

†大友皇子はなぜ太政大臣に任官されたか

たしかに、それらの人々は兄弟相承の原則からみれば、皇位を望むに足る地位であったことは認められる。しかし、それらの人々で皇位を襲った人物は一人もいないのである。これでは、太政大臣＝皇嗣という想定は成り立たないだろう。むしろ、慣習的な兄弟相承において、有力な皇位継承候補者であったからこそ、天武天皇の皇子たちは、太政大臣（知太政官事）に任命されたのであり、その政治的な高位と引き換えに、皇位をあきらめさせられたとみるほうが妥当であろう。しかも、この時点で天智天皇は、[27] 不予《ふよ》の状態ではなく、それまでの大海人皇子との共治体制は継続していたとすべきであろう。このように考えれば、大友皇子の太政大臣任官は、天智天皇と大海人皇子との共治体制から編み出された産物であるとすべきであろう。

すなわち、この太政大臣任官は、天皇と大海人皇子が了解し合った産物であったと理解すべきであろう。この時の議政官は、左大臣蘇我赤兄《あかえ》・右大臣中臣金《かね》と蘇我果安《そがのはたやす》・巨勢人《こせのひと》・紀大人《きのうし》の三人の御史《ぎょし》大夫《たいふ》であった。これら諸豪族出身の議政官を、天皇家の立場から統御するために、大友皇子は太政大臣に任じられたものと思われる。それは、天皇を中心とした律令的な官僚機構の構築を目指す天智天皇と大海人皇子が、ともに焦眉の課題としていたものなのである。もちろん、大海人皇子が太政大臣にならなかったのは、共治体制の中で、彼が皇嗣として位置づけられていたからだと思われる。

　この翌日に、東宮大皇弟が冠位法度《はっと》のことを施行したという記事があるが、割注に「或本に云はく、大友皇子宣命す」とみえる。多少の混乱がみえるようである。しかし、これも、天皇と大海人皇子の共治体制から発せられた政策を、大友皇子が太政大臣として発令したものと理解すれば、何ら問題はないものと思われる。何よりも、太政大臣とは、天皇の詔勅を奉じて宣命する、すなわち、政令発布者そのものなのである。すなわち、大友皇子の立場は天智紀一〇年一〇月一七日条に「諸政を奉宣する」べきだと、大海人皇子がその処遇を提案したことに、極めて整合性があるとすべきだろう。すなわち、倭姫皇后に皇位を授け、その下でこれまで通り大友皇子を太政大臣として任用することを提案したのであろう。

†「儲君」をめぐる大海人皇子の思惑

それでは、壬申紀ではなにゆえ、大海人皇子が「儲君としたまへ」と提案したことになってしまったのであろうか。瀧浪貞子氏は、この時の天智天皇の提案について、これまでにない解釈を施している。(28) まず、天皇は大海人皇子に対して皇位を譲ろうとしたが、それには条件があったとする。大海人皇子の即位とともに、天智天皇は大友皇子を皇嗣に指名したとされるのである。

たしかに、古代の皇位継承の慣習として、兄弟相承によって大海人皇子の即位は当然である。しかも、大海人皇子の即位で、兄弟相承は完了し、その後は彼ら兄弟の息子の世代へと皇位は継がれることになる。大海人皇子の後継者として、大友皇子を提案しても、必ずしも慣習から逸脱するものではないので、天皇にしてみれば、大海人皇子の賛同を得られると思ったとしても不思議ではないだろう。

しかし、大海人皇子はそれさえも拒絶したのである。自分が即位する以上、自分の後継者を自分以外から指図されることを快しとしなかったのであろう。自分が即位しないとすれば、推古天皇や皇極天皇の例から、皇后である倭姫が即位すべきと提案することも、当然であろう。そして、これまで通り大友皇子は太政大臣として、「諸政を奉宣する」べきだとしたのである。

その後、倭姫が即位したうえで、かりに彼女が大友皇子を「儲君」としたとしても、皇位を放棄した自分は、異論を唱えることはないというのが、壬申紀で彼が「儲君としたまへ」と提案したことの真相であったと思われる。

　したがって、天皇に対する大海人皇子の提案は、あくまでも大友皇子が太政大臣として「諸政を奉宣する」というものであったと思われる。しかし、大海人皇子が吉野に隠棲した後に、皇嗣が不在となったのである。天智天皇は、その後も一カ月半ほど余命を保っている。この間に、天智天皇の詔勅と称して、大友皇子を皇嗣に指名することはあり得たかもしれない。このことに関して、天智紀一〇年一一月二三日条には、次のような記述がある。

> 丙辰に、大友皇子内裏西殿の織仏の前に在り、左大臣蘇我赤兄臣・右大臣中臣金連・蘇我果安臣・巨勢人臣・紀大人臣侍る、大友皇子手に香炉を執りて、先ず起ちて誓盟して曰く、六人心を同じくして天皇の詔《みことのり》を奉る、若し違うこと有らば、必ず天罰を被らんと云々、是に左大臣蘇我赤兄臣等、手に香炉を執りて、次《ついで》の随《まま》に起つ、泣《な》血きて誓盟《ちかい》して曰く、臣等五人殿下に随ひて、天皇の詔を奉る、若し違うこと有らば、四天王打たん、天神地祇《あまつかみくにつかみ》亦復《また》誅罰《つみ》せん、三十三天此の事を証知して、子孫当に絶え、家門必ず亡びむかと云々、

近江京の内裏の西に位置する仏殿で、前掲の議政官六人が異心なく天皇の命令に従うことを、仏式で誓い合った。さらに、大友皇子を除く五人が、「臣等五人殿下に随ひて、天皇の詔を奉る」と改めて誓ったのである。これをもって、北山茂夫氏のように、大友皇子が皇嗣の立場を得て、天智天皇崩御後に即位したのだとする見方もある。(29)

とくに、北山氏はここで「天皇の詔を奉る」とある詔こそが、後年の不改常典《ふかいじようてん》であると解釈される。非常に魅力的ではあるが、史上不改常典を初めて持ち出すのは元正天皇である。彼女は、天智天皇の皇女であるから、その可能性は皆無ではないだろう。しかし、周知の通り元正天皇の即位は、天武天皇直系の子孫たちによる直系相承を維持するための中継ぎ天皇であった。その彼女が、大友皇子の即位を暗示させるような詔を持ち出したであろうか。

†不改常典とは何か

私は不改常典について、天智天皇が臨終の席で大海人皇子に譲位を吐露したことこそが、即座に実現こそしなかったが不改常典であったと考えている。(30)それまで、群臣協議を必要とした皇嗣決定を、天皇自らの意志で決定しようとしたことは、天智天皇が初めてであった。このことこそが、後に不改常典と称されるものであったと考えている。したがって、ここにみえる詔は、一般的な天皇の命令を指すものと考えてよいだろう。

なによりも、ここで大友皇子は「六人心を同じくして天皇の詔を奉る」と誓っているのである。皇嗣は決して議政官と並び立つものではない。天皇とともに議政官を超越して存在するものである。このことから考えても、大友皇子が皇嗣の地位になかったことは明らかであろう。また、蘇我赤兄以下五人の議政官が、「殿下」に従って天皇の詔を奉ると誓っているのも、議政官筆頭の太政大臣への忠誠を誓っているものとみるべきであろう。ただ、養老令の儀制令皇后条によると、「三后・皇太子を上啓せんときは、殿下と称せよ」とあり、「殿下」は皇太子に対する敬称であると定めている。しかし、天智朝においてこのような規定ないしは慣習があったであろうか。たしかに、『漢書』でも皇太子を敬って「殿下」と敬称する例はある。その一方で、諸侯や上級官僚を敬って敬称する例もみられる。(31) これまでみてきたように、この頃の大友皇子の職責をみるならば、太政大臣に対する敬称として用いているとみるべきであろう。

以上みてきた通り、天智朝末年において大友皇子は太政大臣には就任したが、皇嗣の立場にはなかったものと思われる。したがって、正式に天皇位についたとは思えない。また、天武天皇が提案した倭姫皇后の即位も、先帝の大后（皇后）が即位した推古女帝・皇極女帝の例からして、考慮はされたであろうが、壬申の乱の混乱の中で、実現はしなかったと思われる。すなわち、天武天皇二年二月二七日の天武天皇の即位まで、天皇位は空位であったと考えるべきであろう。

4　壬申の乱緒戦の軍事動員

†空位状態における政情不安と吉野方の軍事動員

壬申の乱を前後して空位の状態が続いていた。皇嗣であった大海人皇子は、その地位を放棄して入道し、吉野に隠棲してしまった。大友皇子は太政大臣ではあったが、皇嗣の地位にはついていなかった。政治的には非常に不安定な状態であった。それゆえ、太政大臣たる大友皇子は、官僚たちに緊張を促すため、内裏仏殿での誓約を演出したのであろう。

壬申の乱が、大海人皇子による計画的行動か、偶発的行動かについては、古くから議論の分かれるところである。ただ、大海人皇子は皇嗣の立場を放棄し、入道して武器を収公し、付き従う従者の半数を近江に還らせており、無一物の状態であった。これに対して、太政大臣の職にあった大友皇子は、官僚機構を統御し、すべての政治的権限を掌中に収めていたはずであった。そして、そのことをもっともよく理解していたのは、共治体制の下で大友皇子を太政大臣に任命した大海人皇子本人であった。それゆえに、乱の緒戦における軍事動員には、吉野方・近江方の双方が、見事なコントラストを示しているのである。

まず、吉野方の動員は、六月二二日に使を美濃国に遣わして、安八磨郡《あはちま》の湯沐令《ゆのうながし》の兵を起こさせることを命じている。湯沐《とうもく》とは禄令《ろくりょう》に規定するもので、湯沐令は令制の官吏である。しかし、横田健一氏の考察によれば、それは大化前代の名代・子代の系譜をひくものであるとされる[34]。すなわち、吉野方は大海人皇子との私的紐帯を利用して動員を行い、見事に成功しているのである。

　東国入りを目指して吉野を出発した直後の二四日、菟田《うだ》の吾城に至った時、屯田司《みたのつかさ》の舎人が兵糧を献上している。屯田は、令制では官田と表記され、田令に規定された官吏である。しかし、これも横田氏の考察によれば、大化前代から天皇に帰属するものであり、仁徳天皇即位前紀の倭屯田管理権に関する説話から、皇太子がそれを管理する慣習のあったことを指摘される[35]。ここでもやはり吉野方は、大海人皇子との私的関係を利用しているのである。

　天智天皇との共治体制の中で、律令制度導入を図ってきた大海人皇子である。太政大臣大友皇子の掌握する官僚機構がいかに強固なものであるかは熟知していた。それゆえに、律令官僚機構の利用を断念し、自らの私的関係を最大限に活用しようとしたのである。

　もちろん、自分が整備した諸制度が、いかに機能的であるかも大海人皇子は熟知していた。軍事行動を計画すれば、後年藤原仲麻呂が試みたように、駅路を利用することが有利であるはずである[36]。それゆえ、六月二四日には駅鈴《えきれい》の奪取を試みている。しかし、これには失敗している。さらに、この日名張郡に至って、「天皇東国に入る、故人夫諸参り赴け」と叫んだが、誰一人参向するものはなかった。人民にとって従うべきは、政府機構の命令であり、皇嗣の地位を放棄して、無一物となってしまった大海人皇子ではなかったのである。やはり、自らが築いた制度は、入道して無一物の大海人皇子には利用しがたいものだったのである。それゆえ、彼はその後一貫して、律令制度以前から存在する私的紐帯を利用することに努めたのである。

†近江方の軍事動員と尾張国司の苦悩

これに対して、近江方の軍事動員はどのようなものであったのだろうか。壬申紀六月二六日条によると、大海人皇子が東国入りしたのを察知した近江京では、諸国に使を遣わして、軍事動員を行っている(37)。そして、筑紫大宰《だざい》栗隈王《くりくまおう》と吉備国守当摩公廣嶋《たいまのきみひろしま》が、皇子に親しいことを警戒している。近江方も、政治的権限を放棄した大海人皇子が頼るべきは、私的紐帯で結ばれた関係者だけであることを了解していたのである。この後、吉備国司は惨殺されたことから、ある程度の動員を行い得たのであろう。しかし、筑紫では動員に失敗している。ここでは、筑紫と吉備が特筆されている。これはその地を治めている官吏が、大海人皇子と私的紐帯を有していたからである。しかし、軍事動員の使は全国に派遣されていたはずである。そして、吉備では成功し、筑紫では失敗しているのである。特記されてはいない諸国ではある程度の動員がなされたことを意味しているだろう。
すなわち、近江方は太政官の官僚機構を最大限に利用して、軍事動員を行ったのである。ところで、乱終結後の八月二五日条によると、尾張国司守少子部連鉏鉤《ちいさこべのむらじさいち》が、ひそかに自殺したことがみえる。壬申の乱の吉野方の勝利に功績のあった尾張国司が、自殺したのである。大海人皇子は、そのことを訝《いぶか》っているのである。このことに関して、乱勃発直前の五月是月条で、朴井連雄君《えのいのむらじおきみ》が大海人皇子に次のように報告していることが関係しているであろう。

時に朝廷、美濃・尾張両国司に宣して曰くに、山陵造らんが為に予め人夫を差し定めよ、と、則ち人別に兵を執らしむ、

これによると、乱勃発の直接の原因となったのは、美濃・尾張から徴発された山陵造営の人夫だったのである。そしてそれを差し出した張本人こそが鉏鉤だったのである。鉏鉤は尾張国司として、太政大臣からの行政命令に従ったのである。その後、東国入りした大海人皇子の勢力に従ったのであろうが、乱勃発の直接原因にかかわっていたことを振り返れば、悩まざるを得なかったのであろう(38)。鉏鉤だけでなく、多くの政府官僚は、太政大臣の命令には従うべきだと判断しただろう。そして、それが大海人皇子が天智天皇とともに構築した官僚機構だったの

である。太政大臣たる大友皇子は、その官僚機構を利用して軍事動員を行ったのである。

†私的紐帯による勝利と官僚機構の脆弱性

大海人皇子が兄の天智天皇と築き上げた律令制度に基づく官僚機構が、順当に機能するならば、大海人皇子に全く勝機はなかったはずである。しかし、乱の趨勢は官僚機構を駆使した近江方ではなく、私的紐帯を利用した大海人皇子に傾いたのである。それは、倉本一宏氏が力説されるように、大海人皇子の俊敏さと、大友皇子が近江朝廷を統括しきれていなかったことにより、その戦闘姿勢が退嬰的なものに終始したためであろう(39)。乱に勝利した大海人皇子は、安堵の胸をなでおろしたであろう。しかし、自らが兄の天智天皇とともに築き上げた官僚機構の脆弱さを実感せざるを得なかったことであろう。そして、大海人皇子の天皇としての一五年の治世は、律令制のさらなる導入とより強固な官僚機構の構築に傾注することになったのである。

ところで、近年壬申の乱における菟野皇女の役割を重要視する説が出されている。まず、瀧浪貞子氏は、持統即位前紀の「始より今にいたる迄、天皇を佐け天下を定む(40)」という記述に重きをおいて、壬申の乱に果たした彼女の役割が大きかったことを力説される。とくに、彼女が壬申の乱に際し、桑名にとどまったことについては、「大海人皇子が前線基地の総指揮官とすれば、鸕野《うの》は後方支援の統括者であった」と論じられる。

桑名が地理的にみて軍需物資の揚陸地としてふさわしく、彼女がその物資の差配をしていたとも推定される。可能な推定かもしれないが、軍需物資が桑名を経由して前線に届けられたことや、そのことを彼女が指図したことを示す史料は全く存在しないことから、彼女を過大に評価した推測に過ぎないと思われる。また、軍需物資は、美濃国に所在した東宮湯沐から調達されていたとみるほうが、壬申紀の記述からみて自然であろう。

むしろ女子供を前線に同行することを憚って、桑名にとどめたとみるほうが論理的であろう。さらに、女子供が桑名に留め置かれたのは、桑名が東方海上に接しており、万一近江方の急襲を受けたとしても、海上に脱出することが可能だと思われたからであろう。すなわち、桑名は、物資の揚陸地というよりも、万一の脱出が可能な地として選ばれたのであろう。

また、倉本一宏氏は、「確実に草壁へと(皇位を)継承させることを熱望していたただ一人の人物、すなわち鸕野の存在が、壬申の乱のそもそもの原因であった」とされる(41)。しかしそのことを示すような壬申の乱における彼女の行動を確認することができない。もちろん、彼女はその所生の草壁皇子の即位を間違いなく望んではいたであろう。しかし、天武天皇が、親ばかとも取れる彼女の思惑に振り回されて、壬申の乱に踏み切ったとは到底考えられない。彼女の立后については、第三章で詳しく述べるつもりであるが、壬申の乱においての彼女の立場は、有力ではあったかもしれないが、諸妃の中の一人にすぎなかったと私は考えている。

5　本章のまとめ

本章では、天武天皇が即位に至るまでの前半生を検討してきた。まず、彼の父母、兄弟姉妹を確認し、その生年を推定した。天智天皇との年齢がかなり離れていることから、消極的ではあるが、神堀忍氏の提唱した舒明天皇七年誕生説を支持した。

次に彼が政治の場に登場する天智天皇三年二月九日条を検討した。天智天皇は年齢の離れた大海人皇子を、皇位継承の対抗者として認識していたため、政治的活躍の場を与えなかった。しかし、白村江の大敗によって、負担を強いられた豪族たちの怨嗟の声を避けるため、自分の代務者として、大海人皇子の天智天皇三年の政治的登場となったことを述べた。そして、そのような状況が収まった天智天皇七年に至って正式な即位をすることができた。ただし、即位に至るまでは、天智天皇と大海人皇子の共治態勢が継続し、大海人皇子が天智天皇の代理を務めたため、『日本書紀』は彼を「大皇弟」と表記したものと考えた。

正式に即位した天智天皇は、大海人皇子の処遇を改めようとしたが、「大皇弟」としての手腕を認める豪族たちの存在を知り、皇嗣の立場を認定せざるを得なかったものと考え、天武天皇即位前紀にみえる天智天皇即位元年（称制七年）の立太子記事に疑問を提唱した。

さらに、大海人皇子と大友皇子の関係について考察した。大友皇子の太政大臣任官を、天智天皇と大海人皇子の共治態勢から生み出されたものであると考えた。そして、天智天皇臨終に際しての大海人皇子への譲位を拒否した際の、彼の提案は倭姫皇后の即位と大友皇子の太政大臣任官であったとした。

太政大臣として壬申の乱を戦うことになった大友皇子は、太政大臣としての権限を最大限に利用しようとした。その一方、出家者となった大海人皇子は、自分が天智天皇と構築した太政官政治が、大友皇子の掌中にあることを十分理解していた。そのため、彼は、太政官政治に依ることなく、私的紐帯を最大限に利用しようとした。太政官政治が円滑に機能したならば、大海人皇子は乱に勝利するはずがないことを、十分に知っていただろう。しかし、乱の結果は、太政官政治を放棄し、私的紐帯に頼らざるを得なかった大海人皇子が勝利した。すなわち、大海人皇子が天智天皇とともに構築した政治体制が、極めて脆弱であったことを自らが証明してしまったのである。このため、乱後一四年にわたる天武天皇の治世は、さらなる律令制の導入と、強固な官僚機構の構築を目指さざるを得なかっただろうと推測した。

以上が、本章で述べた内容の要約である。大海人皇子の前半生のうち、白村江の大敗までは、天智天皇の思惑もあり、政治的に活躍の場を与えられることはほとんどなかった。それゆえ、彼の前半生を語る史料は極めて少ない。その少ない史料を駆使して、彼の前半生を推定した次第である。

注

(1)律令制度導入以前における慣習的な皇位継承が、兄弟相承であったことについては、拙稿「古代の皇位継承について」(『日本書紀研究』十一冊、塙書房、一九七九、のち『古代天皇制史論』創元社、一九八八)を参照されたい。
(2)直木幸次郎『壬申の乱』(塙書房、一九六一)参照。
(3)川崎庸之『天武天皇』(岩波新書、一九五二)参照。
(4)神堀忍「天武天皇生年考」(『学大国文』二一、一九七八)参照。
(5)遠山美都男『壬申の乱』(中公新書、一九九六)参照。
(6)直木孝次郎『壬申の乱』(前掲注2)は、「天智は大海人を自己の後継者と考えていたと解してよかろう」とする。
(7)養老令選叙令授位条によると、「凡そ位を授けむは、皆年廿五以上を限れ、唯蔭を以て出身せば年廿一以上を限れ」とある。
(8)天武天皇所生皇子の年齢については、拙稿「天武天皇所生皇子生年考証」(『万葉』一〇五、一九八〇)を参照されたい。
(9)采女制度の概要については、磯貝正義『郡司及び采女制度の研究』(吉川弘文館、一九七八)に詳しい。
(10)大津皇子の同母姉に大伯皇女がいることから、大田皇女との婚姻関係は、ほぼ菟野皇女と同じと考えてよいだろう。
(11)この冠位改正と類似の記事が、天智天皇一〇年正月六日にあることから、坂本太郎「天智紀の史料批判」(『日本学士院紀要』一三-三、一九五六)は、三年の本条を誤りであるとし、青木和夫「浄御原令と古代官僚制」（『古代学』三－二、一九五四）塙書房、一〇年が誤りであるとする。さらに、押部佳周「近江令の成立」（『日本律令成立の研究』塙書房、一九八一）は、いずれかがいずれかの重出ではなく、双方とも史実として存在したとする。一〇年に対する私見は保留するが、百済救援軍の大敗を受けた天智天皇三年に、豪族への対応措置として冠位改正があったとすべきであろう。

（12）神功皇后伝承によると、新羅遠征の帰途に畿内で麛坂王・忍熊王が反乱を企てている（『日本書紀』神功皇后摂政元年二月条）。史実とは断定できないが、天皇遠征中の畿内で反乱が企てられる例はあったと考えてもよいだろう。

（13）直木孝次郎「国造軍」（『日本古代兵制史の研究』吉川弘文館、一九七八）は、白村江遠征軍の主力は、西日本の国造を中心とした豪族たちによって組織されたとする。なお、白村江敗戦以後の国内の状況については、倉本一宏『壬申の乱』（吉川弘文館、戦乱の日本史2、二〇〇七）は、「倭国の人々にとっては「戦後」だったのではなく、いつ果てるともしれない「戦中」だった」と評される。

（14）武光誠「冠位十二階の再検討」（『日本歴史』三四六、一九七七）は、天智天皇三年の冠位改正について、「下級冠位の充実は官僚制の整備発展に不可欠」であると評している。

（15）押部佳周「近江令の成立」（前掲注9）は、天智紀が称制を行ったとしているが、実際には天皇大権を行使していなかったとする。その具体的要因について提示はないが、百済遠征軍の大敗によると考えることもできるだろう。

（16）郭務悰に関しては、古典文学大系『日本書紀』上の頭注によると、「海外史料に見えない。百済に派遣されていた唐の官人か」としている。

（17）直木孝次郎「厩戸皇子の立太子について」（『飛鳥奈良時代の研究』塙書房、一九七五）参照。

（18）皇太子制成立に関する所説については、荒木敏夫『日本古代の皇太子』吉川弘文館、一九八五）に要領よくまとめられている。

（19）『万葉集』巻一に「天皇蒲生野に遊猟する時の額田王の作歌」（二〇番）があり、「皇太子答ふる歌」（二一番）

がある。
(20)「大織冠伝」(『寧楽遺文』)によると、「是に太皇弟長槍を以て敷板を刺し抜く、帝驚き大いに怒る、以て将に執害せんとするに、大臣固く諫め、帝即ち止む」とある。
(21)直木孝次郎『壬申の乱』(前掲注2)は、皇嗣が大海人皇子から大友皇子に変更したことが行き違いの原因であったとする。しかし、その前提として大友皇子を皇嗣にしたという事実の検討がなされていないと思われる。このことについては後に考察したい。
(22)横田健一『『日本書紀』成立論』(『日本書紀成立論序説』塙書房、一九八四)は、用字の異なりから、二八巻と二九巻の筆録者が異なることを示唆している。
(23)『懐風藻』淡海朝太子大友皇子伝は、その享年を二五とする。
(24)『懐風藻』河嶋皇子伝には、「位浄大参に終る、時に三十五」とある。河嶋皇子の薨年は持統天皇五年なので、その生年は斉明天皇三年となる。
(25)吉野の盟約の意義とその詳細については、拙稿「鸕野皇女と吉野の盟約」(『日本書紀研究』一五冊、塙書房、一九八七)を参照されたい。
(26)直木孝次郎『壬申の乱』(前掲注2)参照。
(27)天智天皇の不予がみられるのは、天智紀一〇年九月のことであり、割注で病を得たのは八月のことであるとする。
(28)瀧浪貞子『持統天皇』(中公新書、二〇一九)参照。
(29)北山茂夫『大化の改新』(岩波新書、一九六一)参照。なお、最近では瀧浪貞子『持統天皇』(前掲注28)において、この北山説を支持しておられる。
(30)拙稿「古代皇位継承論再説」(『古代天皇制史論』前掲注1)参照。不改常典を、北山氏をはじめ、多くの研究者が直系相承を規定した内容であり、天智天皇の直系である大友皇子にかかわるものと推定するが、陽成天皇から譲位を受けたその大叔父の光孝天皇も、その即位詔で不改常典を引用していることから、その推定は成り立たない。また、不改常典を引用して即位した一〇人の天皇は、すべて先帝からの譲位を受けて即位している。さらに、聖武天皇から譲位された孝謙天皇は不改常典を引用して即位しているが、同一人の称徳天皇が重祚する際には引用していない。これは、称徳天皇が淳仁天皇から譲位を受けたのではなく、簒奪したからであると考えられる。なお、不改常典に関する私の理解は、多くの研究者に支持されているものと思われる。最近では仁藤敦史『藤原仲麻呂』(中公新書、二〇二一)においても、私の説を全く踏襲しておられる。ただし、引用文献に拙稿が明示されていないのは、どのような経緯なのか分からない。

(31)中国宋代の『石林燕語』には、「制して独り天子は陛下と称す、殿下に至りては則ち諸侯皆通称を得る、唐初令を制するに至りて、惟皇太子・皇后、百官上疏は殿下と称す、今に至りて之を循用す」とみえる。

(32)直木孝次郎「壬申の乱における天武天皇の東征」(『続日本紀研究』一-四、一九五四)。なお、最近では瀧浪貞子『持統天皇』(前掲注28)が、壬申の乱は大海人皇子と菟野皇女によって周到に計画されたものであるとされる。しかし、この頃、菟野皇女が政治に積極的に関与したとは、私には思われない。

(33)田中卓「壬申の乱の開始」(『続日本紀研究』一-六、一九五三)参照。

(34)横田健一「上代皇室の湯沐邑の源流について」(『古代文化』二、一九五三)参照。

(35)横田健一「屯田司舎人について」(『関西大学文学論集』五一・五二合併号、一九五六)。

(36)『続日本紀』天平宝字八年九月一一日条によると、「高野天皇少納言山村王を遣わして中宮院の鈴印を収めしむ、押勝之を聞きて其の男訓儒麻呂等をして邀て之を奪はしむ」とあり、軍事行動における駅鈴の奪取がその後の趨勢を決定することを示している。

(37)壬申紀元年六月二六日条によると、吉野方の東国入りを察知した近江方では、「韋那公磐鍬・書直薬・忍坂直大摩呂を以て、東国に遣わす、穂積臣百足・弟五百枝・物部首日向を以て倭の京に遣わす、且、佐伯連男を筑紫に遣わす」とみえる。

(38)伴信友『長等の山風』は、小子部鉏鉤が本来近江方に与していたとみる。また、直木孝次郎『壬申の乱』(前掲注2)は、心情的には近江方であったが、地方豪族層が吉野方に心を寄せていたので、致し方なく大海人皇子に与したとする。しかし、官僚機構の中に身を置いているという彼の立場を考慮するならば、このように理解すべきであろう。

(39) 倉本一宏『壬申の乱』(前掲注13)参照。
(40) 瀧浪貞子『持統天皇』(前掲注28)参照。
(41) 倉本一宏『壬申の乱』(前掲注13)参照。

第二章　天武天皇の時代

大海人皇子は、壬申の乱に勝利した。七月二六日に大友皇子の首実検をした。八月には近江朝廷方の戦争犯罪人の処罰をし、九月には桑名経由で大和に凱旋をした。その経路は、桑名・鈴鹿・阿閉《あべ》・名張と、約三カ月前の吉野脱出経路を逆にたどるものであった。大和に入った天皇は、飛鳥嶋宮《しまのみや》に三泊し、八月一五日に岡本宮に入った。倉本一宏氏は、直接岡本宮に入ることなく、その近傍の嶋宮にまず入っていることから、脱出経路を忠実に逆行し、吉野経由で飛鳥に入ったのではないかと推測される。(1) 推測の域を出るものではないが、充分に考えられることであろう。

即座に新しい宮殿の造営に取り掛かり、それがのちに飛鳥浄御原宮《きよみがはら》と称されることになる。そして、翌年この宮殿で即位礼を遂げて、天武天皇は正式に即位する。本章では、天武天皇の即位から崩御までを概観することにしたい。ただし、天武紀下の記述に即して概観するとともに、それぞれの問題点を指摘するにとどめ、それらの問題点に関する詳細な考察は、次章以下に譲ることにしたい。

また、天武紀下をみると、その前半と後半では、かなり天皇の考え方や動向に大きな変化がみられるようである。そのため、前半は天武天皇七年までとし、後半は同八年以後崩御までとして概観したい。さらに、朱鳥元年九月九日に崩御すると、一一日から浄御原宮の南の庭に殯宮《もがりのみや》が建てられ、大々的な殯の儀式が執り行われる。この儀礼は持統天皇二年一一月一一日に天皇の遺骸が大内山陵《おおうちさんりょう》に葬られるまで延々と続けられた。この殯宮での儀礼を概観することによって、天武天皇の行った政治を知ることができるだろう。そのため、殯宮儀礼に関しても、持統紀に及んで概観しておきたい。本章では、以上のような問題を取り扱いたい。

1　天武天皇前半の時代

†后妃子女列記記事と即位礼

天武紀下は、二年正月七日に群臣に饗宴したことから始まる。天武朝では、ほぼ毎年正月七日に饗宴が行われており、これがその先例となったものと思われる。おそらく、拝朝後に行われた饗宴であろう。天武紀上では、「是歳（壬申年）、宮室を岡本宮の南に営む、即ち冬に遷りて居ります」とあることから、真新しい宮殿で行われたのであろう。次いで、二年二月二七日条の即位礼と后妃子女列記記事が記されている。ただし、後に第三章で詳しく論じるが、この時点では、ここに列記されている舎人皇子はまだ誕生していないのである。

このことから、この后妃列記記事は、天武紀下が書きあげられたのちに、後事的に書き加えられたものと思われる。したがって、ここに記されている。皇后・妃などの称号も、天武二年段階のものではないと判断すべきであろう。当然、この日菟野皇女が立后されたということも、後に付加されたものと判断すべきであろう。これらのことは、第三章で詳しく論じることにする。

それでは、后妃列記記事がなにゆえこの日に付加される必要があったのだろうか。それは、天武天皇の即位礼が、まさしくこの日に執行されたからであると思われる。持統天皇の場合、三年の称制を経たその四年正月一日に即位礼を挙行している。彼女は、本来即位するつもりはなかったと思われる。しかし、その三年四月一三日に皇嗣の草壁皇子が急逝したため、その直後に即位する決心を固めたのだろう。すなわち、彼女は約半年の準備期間を経て、麗々しい即位礼を挙行したのである。

天武天皇の場合、大友皇子の首実検をした段階で、自らが即位することを確信したであろう。新しい宮殿で正月拝賀の礼を行っているのであれば、持統天皇のように、天武天皇二年正月に即位礼を行ってもよいように思われる。しかし、それでは天武天皇にとって、少し都合が悪かったのである。天武天皇は壬申の乱に勝利して、皇位を奪取した。しかし、彼が単なる簒奪者ではなく、その皇位の正式な継承者であることを内外に表明する必要があった。

そのため、その即位礼は、極めて壮大かつ立派なものにしなければならなかったのである。浄御原宮に遷ったのは、元年の冬のこととしているが、かなり年末だったのではないだろうか。新しい宮殿への遷居と同時に、「有司に命じて壇場を設けしめ」て、そこで麗々しい即位礼を行ったのである。おそらくその壇場の完成まで待つ必要があったため、その即位礼が、二年二月二七日になったものと思われる。

その即位礼の様子を具体的に知ることはできない。ところで、持統天皇の即位礼は、持統紀にかなり詳しく記されている。そこには次のように記されている。

> 四年春正月戊寅朔に、物部麻呂朝臣大盾《おおだて》を樹つ、神祇《じんぎ》伯中臣大嶋朝臣《はくなかとみのおおしまのあそん》天神寿詞《あめのかんよごと》を読む、畢りて忌部宿禰《いんべのすくね》色夫知《しこぶち》神璽《かみのしるし》・剣・鏡を皇后に奉上す、皇后天皇の位に即九、公卿百僚、羅列して、匝《あまね》く拝して拍手す、

あたかも律令時代の即位の儀式を、そのままにみる思いがする。義江明子氏は、この記事の

中に即位儀の画期性を認められる。(2) それでは、このような画期的な即位の儀式を、彼女はどこから仕入れてきたのであろうか。臣下に守られ、寿詞が読み上げられ、三種の神器が捧げられ、すべての官僚から拍手で祝われ、まさしく当然の皇位継承者として、望まれて即位しているのである。単なる皇位の簒奪者ではなく、当然の正当な皇位継承者であることを主張すべき天武天皇にこそ、このような麗々しい即位礼が必要だったのではないだろうか。そして、持統天皇は自分の即位を、天武天皇の即位儀礼に準じて行ったのではないかと私は考える。

†功臣の褒賞

天武天皇二年四月一四日条によると、大津皇子の姉である大来《おおく》皇女が「天照大神」の斎宮《さいぐう》として遣わされるため、泊瀬《はつせ》の斎宮で潔斎《けっさい》させられている。彼女は実際に泊瀬を出発して斎宮として赴いたのは、三年一〇月九日のことで、「泊瀬の斎宮より、伊勢神宮に向かう」と記されている。この記述が、記紀本文において、伊勢神宮と天照大神の関係を具体的に語る最初の記事である。岩波本『日本書紀』の頭注によると、「壬申の乱における神宮の協力に対する報賽の意味をもつものか」としている。

しかし、倉本一宏氏が述べられるように、壬申の乱において名張の横川で拝んだ神は、皇祖神である天照大神であり、伊勢神宮であるとは明言していない。(3) 事実、八世紀の初期に完成した記紀の本文には、宝鏡出現《ほうきょう》のことがともに語られているが、皇祖神を祀る神社が具体的にはどこであるかは記されていない(4)。ただ、これ以後伊勢斎宮の発遣《はっけん》が恒例化することも確かである。このことから、天武朝におけるこのような伊勢斎宮の発遣が、伊勢神宮を皇祖神《こうそしん》の神社であるという考え方を一般化させる端緒となったのであろう。

五月二九日条には、「大錦上坂本財臣《だいきんじょうさかもとのたからのおみ》卒す、壬申年之労《じんしんねんのいたわり》に由りて、小紫位《しょうしい》を贈る」とみえる。これが、壬申の乱後初めての功臣の褒章記事である。直木孝次郎氏が精査されたところによると、功臣の褒章は、本条をはじめとして、『続日本紀』和銅三年一〇月一四日条の黄文《きふみの》大伴《おおとも》にいたるまで四二件みることができる(5)。その意義については、一般的にいわれているように、天武政権の基礎となった壬申の乱に際して、天武天皇に奉仕したものを褒章することによって、天武天皇の正当性を主張するとともに確認するものであった。

坂本財は、大錦上の冠位を戴して卒去し、小紫という極めて高い冠位を追贈されていることから、彼の壬申の乱に対する功労はたしかに評価されていたのだろう。しかし、彼は乱後政治的にどのような立場を与えられていたのかは不明である。天武朝前半の時代に褒章記事は八件みえ、後半の時代には一三件みえるが、そのいずれもが、死後の追贈であり、その人物の生前における政治的立場が明確な人物は、ほとんど確認することができない。

倉本一宏氏は、「生き残った者も官人として活動する機会を与えられることなく、わずかにその死後の贈位を賜わる者もいたに過ぎない」とされる。(6) 徳川家康とともに戦国の戦乱を戦った大久保彦左衛門に代表される幕臣たちは、「三河以来」と称され、その立場は十分に称賛されはしたが、幕府内部で高い政治的地位を与えられることは少なかった。為政者にとって戦時と平時では、臣下に求める資質がおのずと異なっていたことが分かるのである。

一二月五日には、大嘗祭に奉仕した人々及び、播磨・丹波二国の郡司らへの褒章記事がみえる。明記はされていないが、播磨・丹波二国が大嘗祭に新穀を献上する悠紀《ゆき》国と主基《すき》国だったと思われる。令制では七月までの即位ならばその年に執行し、八月以後ならば翌年に執行することになっていた。先述のごとく、天武天皇の即位は、この年の二月のことであったから、令制に準じたことになっている。また、令制では一一月下の卯の日に執行されることが規定されていた。この年の一一月一日の干支が壬子であるから、下の卯の日は二八日になる。令制の規定通りならば、この日に執行されたのだろう。なお、清寧天皇二年一一月に大嘗祭がみえるが、あまりにも早すぎるように思われる。したがって、天武天皇の大嘗祭が、実際に行われた最初であろう。

†官位改正と律令制における厳しい態度

天武天皇三年八月三日条によると、忍壁《おさかべ》皇子が石上神宮《いそのかみじんぐう》に遣わされて、その神宝を磨いている。天武天皇所生皇子のうち、後事的に付加された后妃子女列記記事を除けば、その動向が天武紀下でみられるのは、彼が初めてということになる。ただ、この行為が何を意味しているのかは分からない。しかし、彼がまだ幼いと思われること、遣わされた先が神社であることから、彼自身の何らかの通過儀礼にかかわるものではないかという可能性を指摘しておきたい。

天武天皇四年二月一五日条によると、「甲子年に諸氏に給われる部曲は、自今以後皆除めよ、又親王・諸王及び諸臣、并《なら》びに諸寺等に賜う所の山沢嶋浦《やまさわしまうら》、林野陂池《いけ》、前後皆除《や》めよ」とみえる。「甲子年」は天智天皇三年に当たる。この年の二月には、先に述べたように「冠位の改正があった。そしてその末尾に、「亦其の民部《かきべ》・家部《やかべ》を定む」とみえる。本条では、この時定められた民部・家部を廃止したのであろう。

第一章で述べたように、この冠位改正は、白村江の大敗に疲弊し、政府に対して不満を持つ豪族たちに、より細やかな冠位を設定し、その上昇意識を満足させるものであった。それと同時に、部曲の私有を認め、経済的な優遇を行ったのであろう。そして、それを本条では否定しているのである。さらに加えて、あらゆる私有地の所有を否定しているのである。天智天皇三年の部曲所有の許可は、明らかに公地公民制の後退である。天武天皇は、それを再び禁じたのである。そこに、公地公民制への強い意志の表れがあるといえるだろう。

三月一六日条によると、栗隈王が兵政官長に任じられているが、彼はその時点で「諸王四位」という冠位を戴していた。これが諸王位の初見であり、天武紀を通じて諸王位は散見できる。天武天皇が独自の冠位制を施行するのは、その一四年のことである。それ以前に用いられていた冠位制は、大皇弟時代に彼が宣布した天智天皇三年冠位制である。したがって、諸王位は天智天皇三年冠位制に付帯されていたとみることもできる。しかし、それならば、なにゆえ天智紀には諸王位がみえないのであろうか。このことについては、第三章で考察したい。

四月八日には、小錦上當麻広麻呂《たいまのひろまろ》と小錦下久努臣麻呂《くぬのおみまろ》の朝参を禁じている。その理由は記されていない。また、同月一四日条によると、久努臣麻呂が勅使に抗ったとの理由で官職・冠位を剝奪されている。さらに、諸王で三位の麻績王《おみ》が因幡《いなば》に、その子たちは伊豆の島と血鹿嶋《ちかのしま》にそれぞれ流罪に処せられている。これも、罪状は明記されていない。天武天皇五年九月一二日条にも、大宰帥《だざいのそち》で諸王三位の屋垣王《やがき》が「罪有りて土佐に流さ」れている。錦冠といい諸王三位といい、それほど軽々な立場ではなかったと思われる。そのような人物が、理由を明記せずに処罰されているのである。

その一方で、天武天皇四年四月二三日では、才能のある臣下を選抜して禄を授けている。すなわち、才能ある臣下は褒章するが、立場がいかに高かろうが、罪を犯せば厳罰に処するという態度が表明されているのである。律令制度は、国土人民の支配のための手段であることは周知である。しかし、その中でも最も重要なことは、支配者側に立っている官僚をも律することができるということである。(7) もちろん、天武朝前半の時代は、浄御原令の編纂にさえも取り掛かっていない時代である。しかし、すでに官僚を律するという厳格な態度は、この頃から行われていたのである。

†祭祀と税制

四月一〇日には、使者を派遣して龍田《たつた》の風の神と広瀬の大忌の神を祀っている。このことは以後、天武天皇五年四月と七月・同六年七月・同八年四月と七月・同九年四月と七月・同一〇年四月と七月・同一一年四月と七月・同一二年四月と七月・同一三年七月・同一四年四月と七月にもみえ、四月・七月の恒例祭祀となったようである。ちなみに、令制でもこの祭祀は孟夏(四月)と孟秋(七月)の祭祀として規定されている。このように考えると、天武紀下に広瀬・龍田の祭祀がみえない年にも、実際には行われていたのではないかと思われる。そして、令制の広瀬・龍田の祭祀の原形は、すでに天武朝に成立していたものと考えてよいだろう。

天武天皇五年正月四日条には、「高市皇子以下、小錦以上の大夫等に、衣・袴・褶《ひらおび》・腰帯及び机・杖を賜う」とある。後事的に付加された后妃列記記事を除けば、高市皇子が筆頭に記されて皇子の動向が初めて分かる記事である。「小錦以上」に対応して、忍壁皇子に次いで高市皇子の動向が初めて分かる記事である。「小錦以上」に対応して、忍壁皇子に次いで高市いることから、この時彼は間違いなく天武朝の官僚として出身していたことが分かる。ただ、これ以前に出身していた可能性があるが、そのことは第四章で触れたい。

五月三日条では、「調を進《たてまつ》る期限を過ぎたる国司等之犯状を宣す」とみえる。令制によると、庸調は毎年八月中旬から始めて、近国は一〇月、中国は一一月、遠国は一二月晦日までに中央に収める規定であった。本条が五月に記されていることから、前年の調のことに言及しているのであろう。ただ、そうであれば、遠国の期限が過ぎて、しばらくした二月頃に言及されてしかるべきであろう。このことから、天武朝の調の中央への納入期限は、養老令賦役令《ぶやくりよう》とは異なっていた可能性があるかもしれない。

八月二日条には、「親王以下小錦以上の大夫、及び皇女・姫王・内命婦等に、食封《じきふ》を給うこと、各差有り」とみえる。これが天武紀における食封の初見である。前年の四年二月一五日に豪族たちが所有する部曲が廃止され、私有地の所有が禁じられた。本条における食封の支給は、その補塡の意味があるのではないかと思われる。

九月一日条には、「雨ふりて告朔《こうさく》せず」とみえる。令制における告朔とは、毎月一日に拝朝し、各官司が前月の公文書を、大極殿《だいごくでん》の庭に置かれた机の上に並べて報告することである。ただし、雨が降ると庭の机の上の書類が濡れるため、告朔は中止されることになっていた。本条は、まさしくその規定通りである。令文による潤色の可能性があるかもしれない。しかし、同年一一月には「新嘗の事を以て告朔せず」とあり、六年五月には理由を明記しないが告朔を行っていない。六年一一月には雨のため告朔を中止しており、同年一二月は雪を理由に中止している。ほとんどの場合、中止の理由を明記していることから、天武朝では特別な事情のない限り、毎月告朔が行われていたものと考えられる。すなわち、令制の告朔の原形も、天武朝に成立していたと思われるのである。

五年是年条によると、新城に都を作ろうとしたことが記されている。岩波本『日本書紀』の頭注によると、新城は現在の大和郡山市新木《にいき》であるが、結局頓挫した。天武紀では、こののちも、たびたび新しい都を造るための命令が出されている。このことについては、第六章で述べることにしたい。

†官僚への飴と鞭

六年四月一一日条では、杙田名倉《くいたのなくら》が天皇を謗《そし》ったことを理由に、伊豆島に流罪に処せられている。令制（職制律）によると、天皇を謗り、かつそれが過激な場合は斬首で、過激でないならば徒刑二年と規定されている。(8) すなわち、斬刑と徒刑の中間に当たる流罪は規定されていない。このことから、本条は後代の令文による潤色ではないと思われる。先に、官僚に厳罰を科す傾向のあったことを述べたが、天武天皇の時代には、官僚が承知しなければならない刑罰体系が存在したものと思われる。

五月二八日条では、「天社地社神税は、三分の一を神に擬供《つかえまつる》と為し、二分は神主に給え」とみえる。令制では、公戸の内神戸に指定された戸の租庸調は、すべて神社に支給されることになっていた。本条では、その三分の一を神への供えとし、三分の二を神主の取り分として定めている。お供えと神主の取り分の分配率を定めているが、令文ではこのような分配率を知ることができない。このことから、本条は令文による潤色ではなく、天武朝独自の規定であることが分かる。

七年一〇月二六日条には、文武官の考課方法について詔が出されている。それによると、各官司の所属官僚のうち、公平にして勤勉なものは、所属長が進めるべき位階を勘案して正月上旬までに法官に申し送り、法官はそれを確認したうえで、大弁官に申し送れと命じている。法官や大弁官は、令制の官職名ではないことから、これも天武朝独自の規定であろう。(9) また、先に官僚への厳罰主義のあったことを述べたが、ここでは勤勉な官僚の出世の道を提示していることになる。まさしく、天武朝における官僚に対する飴と鞭といえるだろう。

2　天武天皇後半の時代

†菟野皇女の立場の大きな変化

八年正月五日条に、「卑母を拝まず」という詔が出されている。罰則付きのかなり厳しい命令である。倉本一宏氏は、伊賀采女所生《しょせい》の大友皇子を意識して、彼を貶めるためのものとされる(10)。大友皇子の首実検がすんで七年も経過していることから、そのような目的で出されたとは考えられない。また、瀧浪貞子氏は草壁皇子立太子に向けて、壬申の乱に活躍しながらも、卑母所生の高市皇子を排除するために、菟野皇女の強い要請で発せられたものとされる(11)。

二月三日には、壬申の功臣である紀堅麻呂の卒去に際し、大錦上が追贈されている。これが後半の時代での功臣の初例であり、前述した通り、後半の時代では総じて一三例みえる。前半の八例に対し、かなり褒章記事が増えている。功臣の褒章のほとんどが、功臣の死去に伴う追贈であることから、壬申の乱から日月が経過したため死去する者が増えたことによるものだろう。ただ注目すべきは、天武天皇一一年七月二一日条の褒章記事である。この日小錦中膳臣摩《かしわでのお》漏《みま》は、大紫と禄を追贈されているが、続けて「更に皇后の物を賜うこと、亦官の賜いものに准《じゅん》ず」とみえることである。すなわち、壬申の功臣の褒賞に菟野皇女が関与しているのである。このような例は、前半の時代にはみられなかったことである。持統紀においては、同様の功臣の褒章記事が一〇件みられるが、この記事が、彼女の行う褒章行為の根拠となったのであろう。言い換えれば、壬申の乱に際して、天武天皇に奉仕した功臣たちの行為は、菟野皇女への奉仕でもあったと、この頃から理解されるようになったのである。

八年五月五日条によると、天皇は菟野皇女とともに、天皇所生の四人の皇子と天智天皇所生の二人の皇子を吉野に引き連れて、翌日、「千歳之後に、事無からんと欲して」盟約をしている。いわゆる吉野の盟約である。これについても、草壁皇子立太子に向けての伏線であると理解されている(12)。だとするならば、卑母を拝まずという詔と吉野の盟約は、極めて大きな関連性があることになる。この両者については、第三章で詳述したい。

八年八月朔日条では、「諸氏、女人を貢《たてまつ》れ」という詔がみえる。おそらく氏女と思われる。養老令後宮職員令によると、「凡そ諸氏は氏別に女を貢れ、皆卅以下十三以上を限れ」とあり、本条がその淵源となるものと思われる。このように考えると、この詔が発せられた当時、後宮の整備がかなり進んでいたと思われる。ちなみに、一〇年五月一一日条によると、次のような詔が発せられている。

凡そ百寮諸人、宮人を恭敬すること之に過ぎて甚だし、或は其の門に詣でて、己が訟《うったえ》を謁う、或は幣を捧げて其の家に媚びる、自今以後、若し此の如く有らば、事に随《したが》いて共に之を罪す、

宮人は、宮廷に仕える女性官僚の総称であるが、そのほとんどが後宮に配置されている。本条をみても、天武朝後半の時代に、後宮の権威が非常に大きなものになっていたことが分かる。そして、その後宮の主こそが、菟野皇女であったと思われる。

†仏教関連の政策

一〇月一七日では、新羅の使いが、調物を献上したが、それに続いて「天皇・皇后・皇太子に「金・銀・刀・旗之類を貢ぐ」とみえる。ここで、皇太子が列記されているのは、草壁皇子の立太子前であるため追記であろう。このことから、この記事そのものが不審視されるかもしれない。しかし、天武天皇一〇年一〇月二〇日にも、新羅の使いが皇后に物を献上している記事がみえる[13]。新羅使は前半の時代においても、頻繁に来日しているが、皇后が関与した例はみられない。後半の時代になって、菟野皇女の立場が大きく変わったことを感じさせている。

八年一〇月是月条では、僧尼が常に寺院内で所在しなければならないと規定している。しか

も、老いたり病んだりした場合は、別の建物に移され、老いた者はそこで身を養い、病んだ者はそこで薬を給されることになっている。僧尼令の非寺院条の趣旨に一致している(14)。しかし、病や老いた際の規定は、そこにはみえないことから、これは令文による潤色ではなく、天武朝独自の規定であると思われる。

九年四月是月条も仏教にかかわる命令である。官寺以外の寺院に官が関与してはならないと命じている。そして、食封は三〇年後に、国家に返還すべきことを述べている。さらに、飛鳥寺は明らかな私寺であるにもかかわらず、官が運営してきたが、これまでに大変な功労があるので官寺の例に入れるとしている。このことから、これまで、官寺・私寺の区別なく、全国の寺院に食封が授けられていたが、ここに至って、官寺と私寺を峻別する方針を打ち出したのである。

官寺以外の諸寺は、たしかに三〇年後に食封を没収されるが、飛鳥寺のように官寺化すれば、それは没収されないということになる。すなわち、全国寺院の官寺化を推し進める命令であったとみることができる。これらのことを含め、天武紀には、仏教関係の命令が非常に多くみられる。第八章で天武朝政治の特徴を論じる際に、詳しく考察したい。

九年一一月一二日条では、病を得た菟野皇女のために、薬師寺の建立が命ぜられている。『続日本紀』文武天皇二年一〇月四日条によると、「薬師寺の構作略了《こうさくほぼおわ》るを以て、衆僧に其の寺に住まわせしめよと詔す」とあるから、その建立に一八年を要したことになる。ともあれ、天武天皇諸妃の中で、菟野皇女がこの時点で特別な存在であったことが分かるのである。

†律令選定・記紀編纂・造都

一〇年二月二五日条によると、天皇と皇后が大極殿で、親王・諸王・諸臣に対して律令選定を命じている。これが飛鳥浄御原律令である。ただ、菟野皇女がどれほど能動的にこの選定命令にかかわったかは不明である。この律令は天皇在世中完成することはなかった。持統天皇三年六月二九日に、令一部二二巻が班賜《はんし》されており、律は完成しなかったものと思われる。もし、菟野皇女が積極的にかかわっていたとしたならば、彼女の治世下で律の編纂が続行していたのではないかと思われる。このことから、彼女は浄御原令の編纂に能動的にはかかわっていなかったのだろう。その意味で浄御原令は、天武天皇の遺産といえるだろう。なお、同日草壁皇子の立太子が行われている。前述の吉野の盟約が、この立太子への伏線との見方が一般的であるが、吉野の盟約から立太子まで、二年もの歳月があることに疑問を抱かざるを得ない。このことを含めて第三章で検討したい。

一〇年三月一七日条では、帝紀及び上古諸事を記し定めることを命じている。これが、記紀編纂の端緒となったと考えられている。『古事記』序文第二段の後段によると、伝来している帝紀などに誤りがみられるだけでなく、偽りが加えられていること、今その過ちを改めなくては、幾年も経ずして本来の意味を失ってしまうことなどを指摘し、帝紀を編纂しなおし、旧事を検討し、誤りを除き、事実を後の世に伝えたいと述べている。

一一年三月朔日条では、三野王及び宮内官大夫等を新木に遣わし、新しい都を造るための調査をさせている。これは、五年是年条にみえるが、そのときは頓挫している。本条の後にも、新しい都のことは触れられていないので、今度も頓挫したのであろう。なお、一三年二月二八日条に美濃王等を信濃に遣わして、地形調査を行わせている。その後約二カ月後の閏四月一一日に信濃の地図を献上して復命している。ところで、本条では、この調査を「都をつくらんとす」という一文が加えられている。信濃遷都などは非現実的だと思われるが、天皇は新しい都の必要性を感じていたのではないかと思われる。それゆえに、信濃の地形調査が、人々に遷都を連想させたのであろう。

一一年三月六日条によると、「親王以下百寮諸人、自今已後、位冠及び褌《まえも》褶《からおび》脛裳《はばきも》、着ることと莫かれ、」とあり、続けて是日条には「親王以下諸臣に至るまで、給われる食封は皆止めよ、更に公に返せ」とみえる。ここにみえる冠は天智天皇三年冠位制の冠であろう。そして、それに続く衣装類は、その冠位制に伴う朝服《ちょうぶく》であろう。さらに返還を求められた食封は、その冠位制に伴って支給されていた食封であろう。すなわち、この記事は、天智天皇三年冠位制の停止とそれに伴う食封の廃止を意味しているのであろう。おそらく、天武天皇一四年冠位制の施行に先駆けて、旧制度を停止させたものと思われる。

†族姓への配慮と唐風化への強い意志

八月二二日条によると、「凡そ諸の考選をせんとするは、能く其の族姓及び景迹《こころばせ》を検えよ、方に後に考えよ、若《も》し景迹・行能《しわざ》灼然たりと雖も、其の族姓定まらずんば、考選之色にあらず」とみえる。すなわち、考課・選叙に際しては能力と族姓が基準であると述べている。しかし、選叙令応選条には「凡そ選すべきは、皆状迹を審らかにせよ、詮擬之日《せんぎのひ》先ず徳行を尽くせ、徳行同じくんば才用高き者を取れ、才用同じくんば、労効多き者を取れ」となっており、族姓を考慮する余地はない。律令官人制では、氏よりも天皇に奉仕する個々の官人の実績と能力を重視することを基本としているはずである。もちろん、出身地域によって内位・外位の差があり、親の位階による蔭位の制もあることから、族姓は全く考慮されないというわけではなかったが、それは出身に際してのことであり、選叙・考課の要件は業績と能力であったはずである[15]。その意味で、天武朝は族姓に配慮しなくてはならない時代だったのである。

九月二日条では、日本古来のひざまずき両手を地につけて行う礼法を、唐風の起立して行う礼法に改めるよう命じている。この立礼は「難波朝廷之立礼」と記されており、大化改新後に勧められた礼法であるが、定着しなかったため、再び本条で命じられたのである。しかし、その後も慣習的に日本風の礼法が行われていたらしく、その後もたびたび同様の命令が発せられている。(16)改革の気風に満ちた大化改新期に唐風の立礼が推奨されるのは十分に納得できるだろう。そして、三〇年以上も経て、天武天皇は再び同じ命令を出しているのである。ここに、唐風化を推進しようとする強い意志を感じることができる。また一方で、在来の慣習がそれを阻んでいたことも確認することができるのである。

一二年二月朔日条では、「大津皇子始めて朝政を聴く」という記事がみえる。これについては、草壁皇子立太子の二年後のことであり、様々な説が出されている。(17)しかし、そのほとんどが、菟野皇女と草壁皇太子の体制を、変更ないしは修正しようとしたというものである。この問題については、第四章で詳しく考察したい。

三月二日条では、僧正・僧都・律師という仏教界を統御する僧綱を任命するとともに、「僧尼の統領は法の如くせよ」と命じている。天武紀では、前後の天智紀や持統紀に比べても、仏教関係の記事が非常に多い。中でも、先にみた令制の非寺院条に相当するような具体的な仏教統制記事がみられる。また、天武天皇一四年三月二七日条でも、「諸国家毎に仏舎を作れ」とも命じている。天武天皇は仏教に関心があったからこそ、仏教記事が多いのであろうが、彼は仏教をどのようにしたかったのだろうか。このような仏教関係の問題は第八章で詳述したい。

一三年一〇月朔日条では、八色之姓《やくさのかばね》(18)が制定されている。姓とは、神話伝承に基づいて、天皇と氏族の親疎関係を表すものである。その姓の根源である神話伝承が、先にみたように天武天皇一〇年三月一七日以後編纂されているのである。その一方で、その姓を新たに八色に分類して制定しているのである。そこには、どのような背景があったのであろうか。

この八色姓の制定から三カ月後の天武天皇一四年正月二日条で、新たな冠位制（以後一四年冠位制という）が制定されている。さらに、その直後の七月二六日条では、一四年冠位制の朝服の色が定められている。この制定によって、これまでいかなる冠位も授けられなかった皇子たちに授けられる冠位が初めて生まれるのである。私は、八色姓の制定と一四年冠位制は有機的に連動しているものと考えている。この問題については、第五章で考察したい。

一四年一一月二四日条では、「丙寅に（中略）、是日天皇の為に招魂す」とみえる。この「招魂」については、『釈日本紀』述義では「今の鎮魂祭也」としている。すなわち、天皇の魂が遊離することなく、身体の中に鎮め、長寿を祈る祭りである。神祇令仲冬条によると、仲冬（一一月）の寅の日に執行されることが規定されている。もし、令文による潤色ならば、「招魂」ではなく、「鎮魂」と表記したであろうから、本条は天武朝独自の祭祀であったと思われる。すなわち、令制の鎮魂祭の原形は、すでに天武朝に成立していたとみることができるだろう。

朱鳥元年七月二〇日条では、朱鳥への改元を行い、宮殿を飛鳥浄御原宮と名づけている。『扶《ふ》桑略記《そうりやくき》』によると、「大倭国赤雉《あかききじ》を進る、仍《すなわ》ち七月に改めて朱鳥元年と為す」とあり、赤雉という祥瑞の出現による改元だとしている。岩波本『日本書紀』の頭注によると、「天皇の病気平癒を祈ってのこと」と推測している。天皇の不予《ふよ》が記されているのは、八月九日条であるから、やや早計な思いもする。しかし、改元に先立つ七月一五日には、「天下之事、大小を問わず悉く皇后及び皇太子に啓せ」とあり、執務できない状態であったのかもしれない。七月二八日条によると、「浄行者七十人を選びて、以て出家せしむ、乃ち宮中御《ご》窟院《くついん》において設斎《せっさい》す」とみえることから、その可能性は十分にあるかもしれない。天武紀では、病気平癒を期して、出家者を出している例があるからである。

たとえば、天武天皇一一年八月二八日条によると、日《ひ》高《だか》皇女（のちの元正天皇）が病を得た際、大赦を行っているが、その翌日にはその平癒を期してであろうが、一四〇余人の出家者を出している。これに比べれば、本条の七〇人は少なすぎるように思われる。おそらく、天皇の病状をそれほど危険視していなかったものと思われる。

なお、七月二八日条にみえる「宮中御窟院」とは、出家者七〇人による設斎が行われていることから、仏教施設であると思われる。すなわち、浄御原宮の宮中には仏教施設のあったことが分かる。天智天皇の臨終に際して、大海人皇子は内裏仏殿の南で剃髪したことが知られている。このことから近江大津宮に仏殿のあったことが分かる。大海人皇子吉野隠棲後の天智天皇一〇年一一月二三日条によると、大友皇子と議政官たちが誓いを行ったが、その場所を、「内裏西殿の繡仏《しゆうぶつ》の前において」と記されている。すなわち、近江大津京の仏殿は内裏の西側に位置し、本尊は繡仏であったことが分かる。浄御原宮の仏教施設である御窟院もこのような系譜をひく施設であったと推測することができるだろう。なお、おそらくこれがのちの内道場の淵源になるのではないかと思われる(19)。

ともあれ、その後八月九日に天皇の不予が発表された。そして、その一ヵ月後の九月九日に天武天皇は崩御した。二日後の一一日に、宮殿の南の庭に殯宮が建てられ、長きにわたる殯宮儀礼が行われることになる。

3　天武天皇の殯宮儀礼と大津皇子事件

天武天皇崩御の二日後の朱鳥元年九月一一日に、浄御原宮の南の庭に殯宮が建てられた。しかし、その後二七日まで、途中二四日に大津皇子謀反の記事があるが、一切殯宮儀礼は行われていない。このことから、一一日は殯宮を建築し始めたことを意味しているものと思われる。そして、二七日までにそれが完成し、この日から儀礼が行われたものと思われる。そして、二七日から二九日まで天皇の生涯をたたえるための誄《しのびごと》が奉られている。

まず、二七日は壬生・諸王・宮内官・左右舎人・内命婦・膳職のことが誄された。次いで、二八日は太政官・法官・理官・大蔵・兵政官のことが誄された。さらに、二九日は刑官・隼人・馬飼部のことが誄された。この三日間の記事によって、天武朝に機能していたと思われる諸々の官司の名称を具体的に知ることができる。その具体的な構成については、第六章で検討したい。

その後も、臣下によって誄が奉られている。持統天皇元年正月一日には納言《なごん》布勢御主人《ふせのみぬし》が、三月二〇日には丹比麻呂《たじひのまろ》が、持統天皇二年三月二一日には藤原大嶋が、一一月一一日に、布施御主人と大伴御行《おおとものみゆき》が、それぞれ誄を奉っているが、その内容は明記されていない。そして、当《たい》麻智《まのち》徳《とこ》が歴代天皇即位の次第を誄している。

また、殯の期間を通じて、皇太子草壁皇子が、公卿らを率いてたびたび殯宮を訪れ、慟哭《どうこく》している。最初は持統天皇元年正月一日であるが、その後同月五日・五月二二日・一〇月二二日・持統天皇二年正月一日・一一月四日と、都合六回慟哭している。これらの儀礼には、持統天皇の動向は一切記されていない。おそらく、彼女がこの殯宮儀礼を取り仕切ったのであろうが、皇嗣である草壁皇子を前面に押し出すことによって、彼の皇位継承者としての位置づけを確かなものにしようとする意図があったのだろう。

この間、持統天皇元年一〇月二二日に、天皇の遺骸を葬るべき大内山陵の築造が始められている。そして、翌持統天皇二年八月一一日に、伊勢王に葬儀のことを宣告させていることから、山稜はこの日までに完成していたのではないかと思われる。一一月一一日には、天皇の遺骸は大内山陵に葬られ、殯宮儀礼は終了した。記紀を通して、これほど詳しく殯宮儀礼を記した例はないだろう。

†僧尼の深い悲しみ

この一連の殯宮儀礼の中で、ひときわ目を引くのは、僧尼がたびたび殯宮を訪れて、発哀《はっあい》(哭《こく》)していることである。発哀とは天皇の死に対して悲しみを表することであり、今日的にいえばお悔やみとでもいうのであろう。瀧浪貞子氏は、「天武天皇の場合それが僧尼であることから、仏典の読経であったとみてよい」とされ、さらに「仏教的儀礼を取り入れた殯は前例がない」と評される(20)。

かつて、安井良三氏は殯に僧尼の発哀がみえることから、殯宮儀礼に仏教的要素が組み入れられたと提言されたことがある。(21)これに対して、網干善教氏は、ここにみえる僧尼の発哀は、単なる弔意を表しに来ただけのものであり、殯宮儀礼の一環だとは言えないと反論された。(22)ただ、壬申の乱に先んじて、天武天皇は間違いなく出家しているのである。また、持統即位前紀では、彼に「沙門」の称号を付して記している。さらに、先にも述べたように、天武紀には仏教関連記事が、他の巻に比して非常に多くみえるのである。このようなことから、安井氏や瀧浪氏のように評することも可能かもしれない。そこで、僧尼の発哀記事を再確認することにしよう。

まず、九月二七日条では、甲子の早朝（平坦、寅の刻）に諸僧尼が殯の庭において発哭してから退いたと記している。これによると、僧尼はたしかに殯宮までやってきたが、庭で発哭しただけで殯宮の中には入れてもらえなかったことになる。二八日も庭で発哭したと明記されているが、退いたことについては省略されている。二九日も三〇日も発哀のことが記されているが、その場所が明記されていない。おそらく、前二件と同じだったので省略されたのであろう。持統天皇元年正月五日も同様に考えてよいだろう。

すなわち、僧尼たちは、たしかに弔意を表するために殯宮までやってきたが、殯宮内にさえ入れてはもらえなかったのである。僧尼はたしかに殯宮の庭まで弔意を表すためにやってきた。

瀧浪氏が言われるように、庭で読経したのかもしれない。しかし、僧尼の発哀は殯宮儀礼には組み入れられてはいなかったと判断すべきであろう。神祇の統括者たる天皇の殯宮儀礼は、あくまでも古式にのっとって行われたものとすべきであろう。ただ、仏教が全く無視されたのではなかったと思われる。朱鳥元年一二月一九日条では、天武天皇のために無遮大会《むしゃのたいえ》が、大官・飛鳥・川原・豊浦・坂田の各寺院で行われている。殯宮儀礼は古式にのっとって行われ、仏教行事はそれにふさわしい飛鳥の五大寺で行われていたのである。

†大津皇子事件をめぐる人々

次に、天武天皇死後に生じた大津皇子事件について述べておこう。天武紀によると、朱鳥元年九月二四日条に、「是の時に当たりて、大津皇子皇太子に謀反す」とある。これに対し、持統紀によると、朱鳥元年十月二日条に「皇子大津の謀反発覚す」とあり、一見矛盾するようにみえる。これをどう理解すればよいのだろうか。

一〇月二日に大津皇子の謀反が確かに発覚したのだろう。そして、詮議の結果その謀反は九月二四日に計画されていたことが判明したという意味なのであろう。この謀反のために捕縛されたのは、八口音橿《やぐちのおとかし》・壱伎博徳《いきのはかとこ》・中臣臣麻呂《なかとみのおみまろ》・巨勢多益須《こせのたやす》・新羅沙門行心《こうじん》・礪杵道作《ときのみちつくり》ら六人を含む三〇余人であった。このうち、新羅沙門行心は飛騨の寺院に流され、礪杵道作は伊豆に流されているが、他の者は皆赦免されている。謀反という割には、その後の処罰は驚くほど寛大であった。ここで、この六人の経歴及びその後の動向をみることにしよう。

まず、筆頭に上げられているのは、直広肆《ちょくこうし》八口朝臣音橿である。この人物は、『日本書紀』・『続日本紀』を通じて、本条一箇所にしかみえない。その帯する位階から、令制の従五位に相当する政治的位置付けがなされる。そして、その彼が筆頭に記されていることから、彼に次いで列記されている人々は、それ以下の立場であったと思われる。

次に記されているのは小山下《しょうせんげ》壱岐連博徳である。彼の名が初めてみえるのは『日本書紀』白雉五年二月条の第三次遣唐使派遣記事の注記に、「伊吉連博得言」として、この時に随行した人々の消息を伝えている。また、斉明天皇五年七月三日・同六年七月十六日・同七年五月二十三日の各条の注記にも、「伊吉連博徳書云」として第四次遣唐使の唐における状況を詳述している。

とくに、斉明天皇五年七月三日条によると、遣唐使一行が唐の朝廷から問責されようとした時に、「客中有伊吉連博徳奏、因即免罪」とみえることから、彼は遣唐使の随員であったことが分かる。したがって、彼は第三・四次遣唐使の随員として活躍した人物であろう。これらの遣唐使は、唐の圧迫に苦しむ百済からの救援要求に応えて、唐・百済間の関係修復を目指したものと考えられる。このことから、この遣唐使の派遣やその後の白村江の戦いを主導した天智天皇に壱岐博徳は信頼を得ていた人物と考えられる。ひいては、天智天皇の息女である菟野皇女とも親しい人物だったといえるだろう。

その後、彼は天智天皇六年十一月十三日・同七年正月二十三日・持統天皇九年七月二十六日の各条にみえるが、いずれも外交関係に従事していたことが分かる。さらに、文武天皇四年六月十七日・大宝元年八月三日・大宝三年二月十五日の各条に大宝律令の選定に関与したことがみられる。おそらく、外交事務に関与し、唐や新羅の法制度を熟知していたため、彼が重宝されたのであろう。

なお、彼が斉明天皇五年の第三次遣唐使に随行した時、仮にその年齢が二十五歳であったとすれば、その生年は舒明二年となる。すると、大津皇子事件の段階で、彼は五十七歳であったことになる。また、大津皇子事件当時、彼の冠位は小山下《しょうせんげ》であった。しかし、文武四年六月十七日に律令選定の功によって、禄を賜った際の彼の冠位は直広肆であり、大宝元年八月三日条にみえる彼の位階は従五位下であった。すなわち、大津皇子事件に関与したことの影響は、全く認められずに順風満帆な官僚生活を送ったといえよう。

中臣朝臣臣麻呂と巨勢朝臣多益須は大舎人である。大舎人は、令制では中務省《なかつかさ》に属し、天皇に奉仕する職掌である。朱鳥元年においては、崩御した天武天皇に奉仕する立場にあったものであろう。このことから、天武天皇と共治体制を保っていた菟野皇女に極めて親しい立場にあったと思われる。

臣麻呂は、持統天皇三年二月二十六日に判事に任官し、同七年六月四日に直広肆を授けられ、和銅四年閏六月二十二日に中納言正四位上兼神祇伯として卒している。彼もまた、順風満帆な官僚生活を過ごしたといえるだろう。また、巨勢朝臣多益須はほとんど臣麻呂と対になって行動しているようである。持統天皇三年二月二十六日には、臣麻呂とともに判事に任官し、同七年六月四日には同じく直広肆を授けられている。そして、和銅三年六月二日に大宰大弐《だざいのだいに》従四位上で卒している。彼もまた順風満帆な官僚生活を過ごしたといえよう。

†行心に対する極めて峻厳な処分

博徳・臣麻呂・多益須の三人は、いずれも菟野皇女に極めて近い立場であったことが分かる。そして、その後の動向が不明であるが、事件関係者の筆頭に記されている八口朝臣音橿も、全く処罰を受けなかったらしいことから、同様の立場であったと考えてよいだろう。

これに対して、新羅僧行心は大津皇子に連座して飛騨国の寺院に流罪となっている。そして、彼はついに許されることなく彼の地で没したと思われる。『続日本紀』大宝二年四月八日条によると、この日飛騨国から神馬が献上された。それによって神馬を獲得した隆観《りゅうかん》が罪を許されて入京している。そして、隆観が「流僧幸甚《こうじん》之子也」と注記されている。この流僧幸甚こそが、

表記こそ異なるが、大津皇子事件に坐して飛騨に流罪となった行心であろう。(23)
それでは、博徳・臣麻呂・多益須の寛大なその後の取り扱われ方と、彼に対するあまりにも峻厳な扱われ方は何によるものであろうか。『懐風藻』の大津皇子所伝は、大津皇子と行心の関係を、次のように記している。

皇子は、浄御原帝之長子也、状貌魁梧《じょうぼうかいご》にして、器宇《きう》俊遠《しゅんえん》なり、幼年にして学を子のみ、博覧にして能く文を属《つづ》る、壮するに及んで武を愛し、多力にして能く劇剣す、性は頗る放蕩にして、法度に拘わらず、節を降して士を礼す、由是に由て人多く附託す、時に新羅僧行心有り、天文卜筮《てんもんぼくぜい》を解す、皇子に詔《つ》げて曰く、太子骨法は、是人臣之相にあらず、以て此れ久しく下位に在らば、恐らく身を全うせずと、因て逆謀《ぎゃくぼう》を進む、此の詿誤《かいご》に迷い、遂に不軌を図る、嗚呼惜しきかな、彼良才を蘊《つつ》みて、忠孝を以て身を保たず、此の奸豎《かんじゅ》に近づき、卒《つい》に戮辱《りくじょく》を以て自ら終る、古人交遊を慎む之意は、因て以て深きかな、時に年二十四、

行心は、大津皇子と親しく交わり、その資質を絶賛し、遂には謀反を勧めたというのである。そして、皇子はその勧めに従って謀反に及んだというのである。すなわち、博徳・臣麻呂・多益須は、大津皇子にそそのかされたと評されたが、行心は皇子をそそのかした張本人だったの

である。それゆえに、ことさらに峻厳な処分が下されたのであろう。

最後に、伊豆国に配流となった砺杵道作であるが、『日本書紀』・『続日本紀』を通じて本条以外にみることはできない。彼の肩書は帳内である。令制下では親王・内親王に付せられた下級官史であるが、選叙令《せんじょりょう》帳内労満条《ちょうだいろうまんじょう》や考課令《こうかりょう》考帳内条《ちょうだいじょう》によると、勤務評価等において本主の裁量が大きく影響したことが分かる。このことから、彼は大津皇子のそば近くに仕え、無条件で皇子に従属した人物であったと思われる。それゆえに彼は大津皇子事件の実務を担ったものとみなされたのだろう。

斉明天皇五年の有間皇子事件においても、紀伊国藤白《ふじしろ》で皇子とともに斬刑に処せられた新田《にいた》部米麻呂《べのよねまろ》は、その肩書が舎人であった。舎人も帳内もその訓が「トネリ」であることから、新田部米麻呂も砺杵道作も同様の立場であったものと思われる(24)。

以上、事件関係者の動向を概観した。この事件に能動的にかかわったものは、皇子をそそのかした新羅僧行心と帳内砺杵道作の二人だけであったと思われる。そして、皇子を含む七人が、朱鳥元年九月二十四日に謀議を交わしたものと思われる。おそらく、新羅僧行心が謀議を主唱し、音橿・博徳・臣麻呂・多益須の四人が菟野皇女の意を戴して、思い悩む大津皇子を扇動したのではないだろうか。その扇動によって意を決した皇子の命を受けて、道作が何らかの実際の行動を行ったものと思われる。

大津皇子事件は、皇子自身が有能な存在であったことから、草壁皇子の即位を切望する菟野皇女が、愛息のライバルとなりうる大津皇子を、陥れたとする見方がある。(25)しかし、事件の経過を詳細にみるならば、大津皇子に能動的な謀反の動きがあったことは間違いないだろう。しかし、菟野皇女に近い音檀・博徳・臣麻呂・多益須等の扇動がなかったとしたら、皇子が謀反を決意しただろうか。その意味で、大津皇子を陥れようとする菟野皇女の策略は、確かに存在したものと考えてよいだろう。大津皇子事件をこのように理解することによって、天武朝における大津皇子の政治的立ち位置の解釈も変わってくるものと思われる。

4 本章のまとめ

以上、天武天皇の時代を天武紀及び持統紀を通して概観し、その都度問題点を指摘した。それらをここでまとめておきたい。まず天武朝政治は皇親政治であるといわれている。本章でみてきたように、諸王が政治的役割を担い、後半の時代になると天武天皇所生の皇子たちも政治に関与するようになることから、皇親政治と呼ぶことに何ら違和感はないだろう。しかし、天武朝の皇親とは具体的にどのように定義づければよいのだろうか。このような問題を第三章として取り扱いたい。

天武朝の皇親たちは、たしかに天武朝政治の担い手だったのであろうか。天武紀をみると、「公卿大夫《くぎょうたいふ》」という用語が散見できる。この公卿大夫こそが天武朝政治の担い手であろうと思われる。それでは、公卿大夫と皇親の関係はどのように理解すればよいのだろうか。主だった皇親が、どのような段階を経て政治にかかわることになったのであろうか。このような問題を第四章として取り扱いたい。

天武朝政治には、たしかに皇親が政治に参加していたことを知ることができる。しかし、天武天皇が目指した律令国家が完成したとされる大宝令制下の奈良時代において、皇親政治はみられなくなるのである。天武朝はなにゆえ皇親の政治参加を求めたのであろうか。そして、なにゆえ皇親政治は終焉したのであろうか。このような問題を第五章として取り扱いたい。

天武天皇の殯宮儀礼を詳細にみると、天武朝に実際に機能した官司の名称を具体的に知ることができる。また、天武紀の記述を殯宮儀礼から得られる官司と対応させることによって、それら官司の職掌や職責を推定することもできるだろう。このことによって、天武朝の政治組織を復元できるのではないかと思われる。このような問題を第六章として取り扱いたい。

天武天皇の時代を概観すると、広瀬・龍田の祭祀や告朔そして鎮魂祭など、令制下の祭祀・儀礼などの規定の原形を、天武朝政治の中に求めることができた。しかも、それらのほとんどを、浄御原令の編纂が命じられる以前に求めることができた。すなわち、浄御原令は、天武朝政治の集大成として編纂が進められたとみることができるのである。天武朝の律令的な政策を分析することによって、律令国家を目指した天武朝政治の実態を知ることができるのではないだろうか。このような問題を第七章として取り扱いたい。

先にも述べたが、天武紀には仏教関係記事が他の巻に比しても非常に多い。天武天皇自身が入道していることから、彼が仏教にことのほか関心を有していたであろうことは容易に推測がつくだろう。それでは、彼は仏教界に何を求めていたのであろうか。このような問題を第八章として取り扱いたい。

第一章及び本章では、天武天皇の生涯を概観した。第三章以下においては、以上述べたような問題意識から、テーマ別に考察を進めることにしたい。

注

(1) 倉本一宏『壬申の乱』(吉川弘文館、戦乱の日本史2、二〇〇七) 参照。
(2) 義江明子『女帝の古代王権史』(ちくま新書、二〇二一) 参照。
(3) 倉本一宏『壬申の乱』(前掲注1) 参照。
(4) 拙稿「紀氏」(佐藤信編『古代史講義【氏族篇】』ちくま新書、二〇二一) 参照。
(5) 直木孝次郎『壬申の乱』(塙書房、一九六一) 参照。
(6) 倉本一宏『壬申の乱』(前掲注1) 参照。
(7) 律令では、職員令によって服務すべき内容が明記されており、服務規程違反に対しては、職制律によって厳しく罰せられることになっていた。
(8) 養老律職制律指斥乗輿条によれば、「凡そ乗輿し、情理切害有らば斬」とあり、天皇を批判して、その情状が過激（切害）であれば、斬刑に処せられ、「切害に非ざれば徒二年」と規定されている。
(9) 養老選叙令応叙条には、「凡そ叙すべき者は、本司八月卅以前に校定せよ、式部は十月一日に起こして十二月卅日に尽くせ、太政官は正月一日に起こして二月卅日に尽くせ、皆限りの内に処分し畢れ、其れ叙すべき人を本司程を量りて申し送りて省に集めよ」とある。
(10) 倉本一宏『壬申の乱』（前掲注1）参照。
(11) 瀧浪貞子『持統天皇』（中公新書、二〇一九）参照。
(12) 北山茂夫「持統天皇論」（『日本古代政治史の研究』岩波書店、一九五九）参照。
(13) 最近では、瀧浪貞子『持統天皇』（前掲注11）が、「皇位継承者としての草壁皇子の立場を際立たせるものであった」と評される。
(14) 養老令僧尼令非寺院条には、「凡そ僧尼は、寺院に在らずして、別に道場を立て、衆を聚めて教化し、并せて妄りに罪福を説き、及び長宿を殴り撃たば、皆還俗」とある。ただし、天武紀の条文には還俗規定がないことから、それが令文による潤色ではなく、天武朝独自の規定であったと思われる。
(15) 岩波本『日本書紀』の同条の頭注によると、「族姓を官人の任用・昇進の前提におくのは律令官人制の原則で、それは天武朝で確立した。大宝・養老令の条文に族姓の文字がないのは、その必要性がなくなったからであろう」とする。令制下で族姓が官人制運用に大きな影響を与えたことは認められるが、それが律令官人制の原則だとはとても考えることはできない。
(16)『続日本紀』慶雲元年正月二五日条にも「辛亥、始めて百官の跪伏之礼を停む」とあり、さらに同四年一二月二七日条にも「往年詔有りて跪伏之礼を停む、今聞く、内下の庁前、皆厳粛ならず進退に礼无し」ともみえる。
(17) 竹内理三「太政官政治」（『律令制と貴族政権』一、御茶の水書房、一九五七）・直木孝次郎『持統天皇』（吉川弘文館人物叢書、一九八五）などが、天武朝における菟野皇女・草壁皇子体制の転換を意味したとする。一方、北山茂夫「持統天皇論」（前掲注12）は、菟野皇子・草壁皇子体制に不満を持ち、大津皇子に心を寄せる人々の不満を緩和させるために大津皇子を政治に参加させたとする説などがある。
(18) 溝口睦子「カバネ制度と氏祖伝承」上・下（『文学』五一－四・五、一九八三）参照。
(19) 我が国における内道場の起源とその後の経緯については、薗田香融「わが国における内道場の起源」（『日本古代仏教の伝来と受容』塙書房、二〇一六）に詳しい。
(20) 瀧浪貞子『持統天皇』（前掲注11）参照。
(21) 安井良三「天武天皇の葬礼考」（『日本書紀研究』第一冊、塙書房、一九七〇）参照。
(22) 網干善教「天武天皇の葬礼と大内陵」（『古代史の研究』創刊号、一九七八）参照。
(23) 関晃「新羅沙門行心」（『続日本紀研究』一－九、一九五二）参照。
(24) 有間皇子事件の経緯及び新田部米麻呂の立場については、拙稿「有間皇子事件の再検討」『古代熊野の史的研究』塙書房、二〇〇四）に詳しいので参照されたい。
(25) 義江明子『女帝の古代王権史』（前掲注2）は、「大津が死ねば、それで一見落着だった」とし、「事件の背後にいたのは、鸕野＝持統とみるべき」とされる。

Ⅱ　皇親政治

第三章　天武朝の皇親たち

第一章では、天武天皇のこれまで知られることのなかった前半生について、少ない史料から復元を試みた。ところで、天武朝の政治は「皇親政治」だと評されることが多い。(1)このことについては第五章で考えてみることにしたい。それでは、皇親とはいかなる立場の者をいうのであろうか。文字通り天皇の親族を意味しているのであろう。しかし、天皇の親族とは、どの範囲までをいうのであろうか。

養老令によると、親王の五世孫までが王を名乗ることができた。天武朝においてはこのような概念があったのであろうか。第四章では、天武朝の政治の担い手たちを考えるが、その前に、天武朝における皇親の概念を考える必要があるだろう。このような問題意識から、本章では天武朝の皇親たちについて考察してみたい。

まず、皇親を生み出す天武朝の後宮について概観しておきたい。とくに、天武天皇と共治体制を構築したとされる菟野《うの》皇女（持統天皇）の立后にも言及する必要があるだろう。(2)次いで、天武朝の皇子たちを概観しておきたい。その場合、天武紀では先帝（天智天皇）所生の男子をも皇子と称している。それゆえ、彼らを含めて考えてみる必要があるだろう。

天皇の皇子であれば、今日的にいえば明らかに天皇の親族であろう。ところが、天武紀には「王」を称する人物が頻繁にみられる。これら諸王は、それまでの歴代の天皇からの系譜をひく者たちであったと考えられる。それゆえ、彼らを皇親と称することに何ら問題はないだろう。しかし、それは律令時代と同じように五世孫までの諸王をいうのであろうか。そもそも諸王と臣下の境界はどのように設定されていたのであろうか。本章では、このような問題を考えてみたい。

1　天武天皇の后妃と皇子

†后妃子女列記記事をめぐって

天武天皇は、壬申の乱に勝利した翌年の天武紀二年（六七三）二月二七日に、正式に飛鳥浄御原宮で即位礼を行った。この記事に続いて、后妃《こうひ》子女列記記事が掲げられている。この記述に基づいて、后妃とその所生の子女を列記すると次のようになる。なお、后妃名称の前に冠しているのは、同条に記されている職名であり、后妃名称の後の（　）内の注記は彼女たちの出身系譜にかかわる記述である。

皇后　菟野皇女（父・天智天皇）……草壁皇子
妃　大田皇女（父・天智天皇）……大来皇女・大津皇子
妃　大江皇女（父・天智天皇）……長《なが》皇子・弓削《ゆげ》皇子
妃　新田部皇女（父・天智天皇）……舎人皇子
夫人　氷上郎女《ひかみのいらつめ》（父・藤原鎌足）……但馬《たじま》皇女
夫人　五百重郎女《いおえのいらつめ》（父・藤原鎌足）……新田部《にいたべ》皇子
夫人　大蕤郎女《おおぬいのいらつめ》（父・蘇我赤兄）……穂積皇子・紀《き》皇女・田形《たがた》皇女
額田姫王（父・鏡《かがみ》王）……十市《とおち》皇女
尼子娘（父・宗像君徳善）……高市皇子
檝媛娘《かじひめのいらつめ》（父・宍人《ししひと》臣大麻呂）……忍壁皇子・磯城皇子・泊瀬部皇女・託基《たき》皇女

これによると、天武天皇は一〇人の女性を後宮に入れ、都合一七人の子女を儲けている。ただし、氷上郎女と額田姫王は皇女だけを生んでおり、他の八人の女性から都合一〇人の皇子が誕生したことになる。

後に詳しく述べるが、舎人皇子は天平《てんぴょう》七年（七三五）に六〇歳で薨去していることから、彼の生年は天武天皇五年（六七六）ということになる。したがって、彼はこの后妃子女列記記事が収められている天武天皇二年二月二七日時点ではまだ生まれていなかったことになる。すなわち、この后妃子女列記記事は、かなり後になって編集され、即位の記事の後に付加されたものであることが分かる。したがって、後宮に入った女性たちに付されている皇后・妃・夫人という称号は、この時点のものではなかった可能性が高いだろう。

それゆえ、後代の令文による潤色の可能性もあるかもしれない。[3] 妃三人は天智天皇の皇女で、後宮職員令妃条の「四品以上」の規定に合致している。また、夫人三人はともに藤原氏・蘇我氏という畿内大豪族の子女であり、令制の「三位以上」の概念に合致している。しかし、もしこの后妃記載が全くの令文による潤色であるとすれば、尼子娘・檪媛娘に必ずや「嬪」の職名が冠せられたはずである。また、令文によれば妃は「二員」であるが、ここでは三人にその職名が冠せられている。

したがって、全くの令文による潤色と断ずることはできないだろう。おそらく、天武朝のある時期に、このような職名が用いられ始めて、そのことを天武二年の后妃記事に反映させたものと思われる。すなわち、この后妃記事にみえる職名は、令文の職名の淵源になるのではないかと思われる。

后妃および子女について

また、后妃記事は後代の追記であろうが、彼女たちの出自は信憑性があるだろう。そこで、彼女たちの出自から若干の考察を行っておこう。皇后と妃の四人は天智天皇の皇女であり、夫人三人は畿内の大豪族の子女である。額田姫王は鏡王という諸王の子女で皇親に属する者の子女のようにみえる。それならば、令制によるならば「五位」以上の出身に相当すると考えるべきであろう。しかし、列記順序は畿内豪族出身の女性の下位に記されており、後に述べる采女や下級官吏の子女と同じように、職名を冠することもなく列記されている。このことは、天武朝における諸王の位置づけを考える必要があることから、後の課題としておきたい。

尼子娘は、第一章で述べたように、九州の地方豪族から献上された采女であり、龍泉時代の天武天皇の周囲で働く女性であったと思われる。また、檝媛娘の父は宍人臣大麻呂である。宍人臣は宍人部を率いる伴造《とものみやつこ》氏族であり、大化前代から宮廷の食事の調理を担当することが多かった。(4) 奈良時代においても、大膳職や内膳職の役職に就いたものもいた。(5) このことから考えて、大麻呂は天智・天武朝の宮廷で、天武天皇の食事をつかさどる職にあったものと思われる。尼子娘も檝媛娘も、宮中奉仕の関係で天武天皇との婚姻関係に至ったものと思われる。

ただ、采女が後宮に召されることは、大友皇子の母親である伊賀采女の例があるが、尼子娘が采女だとすれば、采女が後宮に召されることは彼女以後例がなくなる。(6) また、内廷に仕えた下級官吏の子女が、後宮に召されることもこれ以後例をみることがない。彼女たちと天武天皇との婚姻は、その所生の皇子の生年から推測して、天智朝になされたものと思われる。(7)

すなわち、天武朝以後においては、このような女性が後宮に召されることはなくなるのである。養老令後宮職員令の妃条の規定の淵源が、天武朝のいつ頃かに編み出され、それ以後後宮職員令に発展していったとみることができるだろう。

2　菟野皇女の立后

†吉野の盟約を契機として

天武天皇の後宮に召された一〇人の女性のうち、菟野皇女は別格であった。彼女は天武朝において皇后になった。(8) 持統天皇即位前紀によると、天武天皇二年に皇后となり、その時から天皇が崩御するに至るまでに、「天皇を佐《たす》けて天下を定む」と記されている。すなわち、彼女の立后は天武二年のことであり、以後、天武天皇と終始共治体制にあったというのである。

果たして、その通りであろうか。先にみたように、天武紀二年二月二七日条の后妃記事は、その時点のことではなく、後時的に付加されたものであった。このような観点で、天武紀にみえる菟野皇女の動向をみると、天武朝の前半には、菟野皇女の動向を伝える記事は全くないのである。そして、天武朝で初めて彼女の動向を伝える記事こそが、天武紀八年五月六日のいわゆる吉野の盟約なのである。『日本書紀』はその様子を次のように記録している。

> 五月庚辰朔甲申（五日）、吉野宮に幸す、乙酉（六日）、天皇、皇后及草壁皇子尊・大津皇子・高市皇子・河嶋皇子・忍壁皇子・芝基皇子に詔して曰く、朕今日汝等と倶《とも》に庭に盟《ちかい》いをし、而て千載之後に事無からしめんと欲す、いかにと、皇子等共に対えて曰く、理実釈然なりと、則ち草壁皇子尊、先ず進みて曰く、天神地祇及天皇證《あきら》めたまえ、吾兄弟長幼并十余の王、各異腹より出でたり、然して同異を別《わか》たず、倶に天皇の勅に随い、而《しかし》て相扶《あいたすけ》忤《さからわ》じ、若し自今以後此の盟いの如くあらずば、身命滅び、子孫絶えなん、忘れじ、失たじと、五皇子次いでを以て相盟うこと先の如し、然る後、天皇曰く、朕が男、各異腹にして生まれる。然して今一母同産の如く慈まんと、則ち襟を披きて其の六皇子を抱く、因て以て盟いて曰く、若し茲《こ》の盟いに違わば、忽ちに朕が身を亡ぼさんと、皇后之盟い、且つ天皇の如し、

天武天皇の即位以来共治体制を築いていたといいながら、この吉野の盟約に至るまでの天武朝の前半には、全く彼女が政治に関与したことが確認できないのである。ところが、この吉野の盟約直後の天武紀八年一〇月一七日条によると、新羅使の朝貢に際して、彼女は皇后として天皇とともに臨席している。その後の天武紀一〇年一〇月二〇日条・朱鳥元年四月一九日条の新羅使の朝貢に際しても、同様に天皇とともに皇后として臨席しているのである。それ以前の天武紀四年二月是月条によると、新羅が王子忠元らを遣わして朝貢しているが、その席に菟野皇女が同席したことは認められない。

明らかに、吉野の盟約以後において、彼女は皇后として遇されていることが確認できるのである。吉野の盟約を境にして、明らかに彼女の処遇は大きく変化したとみるべきであろう。そのため、吉野の盟約を詳細に検討する必要があるだろう。

†皇室全体の母としての菟野皇女

北山茂夫氏は、この吉野の盟約を、菟野皇女所生の草壁皇子を皇位継承者と定め、諸皇子間の紛争を回避するための盟約であったと提唱され、もっぱらこれが定説として継承されている。(9)ところが、草壁皇子の立太子は、天武紀一〇年二月二五日のことなのである。吉野の盟約が草壁皇子立太子に係るものだとすれば、その日から約二年間草壁皇子はたなざらしにされていたことになるのである。

この間に皇子を亡き者にしようと発想する者も出現しかねない。このことから、吉野の盟約を草壁皇子立太子に係るものと考えた場合、紛争回避というよりも、紛争を惹起しかねないことになるのである。そこで、吉野の盟約は、草壁皇子立太子に関するものではなかったという発想から検討しなおす必要があるだろう。

吉野の盟約は、壬申の乱の故地である吉野で行われた。参加者は、天武天皇・菟野皇女と天武天皇所生の草壁・大津・高市・忍壁の四人の皇子、さらに天智天皇所生の川嶋・芝基の二人の皇子、合計八人である。なお、天武天皇所生の他の六人の皇子の名がみえないが、おそらくこの盟約に参加するには幼すぎたのであろう。

吉野の盟約は、天武天皇の「自分は今日、お前たちとこの場で誓いを立て、そのことによって永久に事の起こらないようにしたいが、どうであろうか」という提案から始まる。これに対して、六人の皇子が「ごもっともです」と賛同の意を表している。そして、草壁皇子が、「私たち一〇余人の皇子は異腹であるが、同腹の兄弟として天皇の勅に従って協力する」と誓っている。

このことだけをみると、この盟約は草壁皇子に係るものとも思われる。しかし、草壁皇子が筆頭に誓ったのであり、参加した他の五人の皇子も順次同様に誓っているのである。おそらくその順序は、天武紀八年五月六日条に記された皇子の列記順序に従ったのであろう。このことから、この盟約は天武天皇と六人の皇子との間で交わされたものであることが分かる。しかも、参加した皇子は六人であるにかかわらず、皇子たちは「私たち一〇余人」と述べている。このことから、彼ら六人の皇子は皇室のすべての皇子を代表して誓ったことになるのである。

これに対して、天武天皇は、「お前たちは母を異にしているが、同母兄弟として扱おう」と誓っている。ところで、菟野皇女は吉野まで同道しながら、この盟約には参加しなかったのだろうか。このことについては、天皇の誓いに次いで、天武紀では「皇后の盟い、また天皇の如し」と書かれている。すなわち、天皇対六人の皇子との盟約に続いて、菟野皇女対六人の皇子との盟約が行われたのである。そして、この盟約のキーワードは、頻繁に使われている「同腹」「異腹」の「腹」なのである。このことから、この吉野の盟約の目的は、菟野皇女を皇室全体の母として遇するための儀式であったと考えることができる。彼女を皇室全体の母にするとは何を意味しているのだろうか。

†後宮の整備と権威の巨大化

天平元年に聖武天皇が、光明子を立后する際の詔が、『続日本紀』天平元年八月二四日条に記されている。[10] それによると、皇后がいないということは善くないことであり、政治は天皇一人で行うものではないとして、皇后との共治体制が必要であると訴えている。そして、その共治体制の中で、皇后は「しりへの政（斯理幣能政）」を担当するのだと述べている。この「しりへの政」を後宮の統御と理解する説もある。[11] しかし、後宮をも含めた皇室全体の統御を意味していると考えるべきであろう。[12]

すなわち、光明子は皇后になったことにより、皇室の母になったのである。このことと併せ考えると、吉野の盟約こそは、菟野皇女の立后儀式であったと理解して間違いないだろう。それゆえ、これよりのちの新羅使の朝貢の際に天皇と並ぶことになる。また、壬申の功臣の褒賞に際しても、これ以後彼女は天皇と並んで臨むことになるのである。このことは、壬申の功臣たちに対して、乱における天武天皇への奉仕は、菟野皇女への奉仕でもあったことを訴えている。持統天皇即位前紀に、「始より今にいたる迄天皇を佐けて天下を定む」という概念は、このようなプロパガンダの成果として理解することができるだろう。

第二章で天武天皇の時代を概観したが、その前半においては、菟野皇女の動向は一切触れられていなかった。しかし、後半の時代になると、第二章でみたように、天武紀八年八月一一日に氏女の献上が義務づけられたことから、後宮が整備されたことが読み取れた。また、天武紀一〇年五月一一日条から、後宮に所属する宮人の権威が非常に高かったことも読み取ることができた。吉野の盟約によって、菟野皇女が立后されたことによって、後宮が整備され、後宮の主たる彼女の権威が巨大化したことから生じたものであると理解することができるだろう。

天武紀八年正月には、皇子たちに対して「卑母を拝まず」という命令を出している。これこそは、吉野の盟約に先駆けて、実際の生母である卑母の存在を否定するものであったと思われる。そして、天武朝の皇子たちの母は立后した菟野皇女なのだということを納得させるためのものだったのである。

ちなみに、菟野皇女の立后によって、その所生である草壁皇子の処遇も当然のことながら格段に上昇したことであろう。その結果として、二年後の天武天皇一〇年の立太子に至ったものと思われる。また、当然のことながら彼女が率いることとなった後宮も、整備されたことだろう。前掲の后妃記事における妃・夫人の職名も、彼女の立后を機に設けられたものと考えることができる。

3　天武朝の皇子たち

†皇子たちの生年と叙位の時期

天武朝において、皇子と呼ばれる存在は、天武天皇所生の一〇人の皇子と、先帝である天智天皇所生の二人の皇子であった。彼らの政治的な立場を考える前提として、彼らの生年を知っておく必要があるだろう。史料によって、その生年を知ることができる皇子たちは、次の五人である。

高市皇子＝白雉五年（六五四）＝『公卿補任』持統天皇条
川嶋皇子＝斉明天皇三年（六五七）＝『懐風藻』川嶋皇子所伝
草壁皇子＝天智天皇元年（六六二）＝持統紀即位前紀
大津皇子＝天智天皇二年（六六三）＝持統紀即位前紀
舎人皇子＝天武天皇五年（六七六）＝『公卿補任』天平七年条

他の七人の皇子については、その生年を知る手掛かりが皆無である。ところで、養老令選叙令の蔭皇親条によると親王が初めて出身する際の位階を従四位下と定めている。(13)また同令授位条によると、官人の出身年齢は二五歳以上であるとしているが、蔭をもって出身する場合は二一歳以上であると定められている。(14)

このような観点で、大津皇子の動向をみると、天武紀一二年二月一日に「始めて朝政を聴く」とある時の年齢が、まさしく二一歳なのである。一方、天武朝以後、多くの皇子が出身し、初めて冠位を授けられるが、その冠位がほとんど同じく浄広弐位《じょうこうにい》なのである。その叙位された時期を列記すると次のようになる。

穂積皇子＝持統天皇五年一月一三日
長皇子＝持統天皇七年一月二日
弓削皇子＝持統天皇七年一月二日
舎人皇子＝持統天皇九年一月五日
新田部皇子＝文武天皇四年一月七日

このうち、舎人親王は先にみた通り、天武天皇五年の生まれであるから、やはりまさしく二一歳での叙位であったことになる。このように考えると、養老令選叙令の蔭皇親条《おんこうしんじょう》や授位条《じゅいじょう》の規定は、天武朝における慣習を反映しているものと考えることができるだろう。すなわち、穂積・長・弓削・舎人・新田部の五人の皇子は、浄広弐位を授けられた時点で二一歳であったと考えることができるだろう。すると、彼らの生年を次のように推定することができる。

穂積皇子＝天智天皇一〇年（六七一）
長皇子＝天武天皇二年（六七三）
弓削皇子＝天武天皇二年（六七三）
舎人皇子＝天武天皇五年（六七六）
新田部皇子＝天武天皇九年（六八〇）

もちろん、令の規定によるならば、二一歳以上ということであるから、彼らがちょうど二一歳で叙位されたとは限らない。たとえば、長皇子と弓削皇子は同母兄弟であるが、同日叙位となっている。彼らが双子であったとも考えられるが、何らかの事情で長皇子の叙位が遅れた可能性もあるだろう(15)。ともあれ、彼らの長幼関係を推定する根拠にはなりうるだろう。

†忍壁皇子の生年

次に、忍壁皇子の生年を考えてみよう。持統紀即位前紀によると、大津皇子は天武天皇の「第三子」であると明記されている。これは大津皇子が天武天皇の一〇人の皇子の中で生得順位が第三番目であったことを意味している(16)。これまでみてきたように、高市皇子・草壁皇子が、大津皇子よりも年長であるから、忍壁皇子は第四子以下ということになる。すなわち、彼は天智天皇二年以後の生まれということになる。

それでは、彼の生年の下限はいつであろうか。天武紀八年五月六日の吉野の盟約に参加していることが分かる。天武天皇所生の一〇人の皇子のうち六人が参加していないが、これは彼らが幼かったからであろうと先に推定した。すなわち、ある一定の年齢以上の皇子だけが、参加を許されたのであろう。それではその一定の年齢とは何歳なのであろうか。

『続日本紀』[17]和銅七年（七一四）六月二五日条によると、首《おびと》親王（のちの聖武天皇）が元服したことがみえる。彼はこの年一四歳であった。吉野の盟約に参加した皇子たちは、おそらく元服を終えていた皇子たちに限られていたのであろう。すると、忍壁皇子は天武天皇八年段階で少なくとも一四歳には達していたと考えるべきであろう。天武紀八年段階で一四歳に達していたとするならば、遅くとも天智天皇五年には生まれていたことになる。

第二章で、忍壁皇子が天武天皇三年に石上神宮に遣わされたことをみたが、その際私は、彼にかかわる何らかの通過儀礼ではなかったかと提言した。通過儀礼といえば、元服がもっとも有名であるが、彼が大津皇子よりも若年であれば、それはありえないことになる。前近代においては、「七つ前は神のうち」という民俗慣行があった。これは、七歳までの死亡率が極めて高いため、数え年の七歳までは神からの預かりものであるという理解である。そして、八歳になると子どもが人の世に改めて生まれたものとして盛大に祝われる。近世においては、領内人口を数える際にも八歳未満は人口として数えず、八歳になって初めて領内人口として数える「八歳改め」を行う藩も多かった。古代においてこのような「八歳改め」があったかは確認できないが、可能性として提言しておきたい。ともあれ、彼の生年は確定できないものの天智天皇二年以後、同五年以前と考えることができるだろう。

†磯城皇子・芝基皇子の生年

次に、忍壁皇子の同母弟である磯城皇子の生年を考えてみよう。当然彼は同母兄の忍壁よりも後の生まれである。彼は、朱鳥元年八月一五日に、「芝基皇子・磯城皇子に、各二百戸を加える」という記事がみえる。彼は、この時加封《かふう》されたのであるから、『日本書紀』には漏れているが、この時以前に封戸《ふこ》を初めて給されていたことになる。封戸を給されるということは父である天武天皇からの経済的独立を意味すると考えられる。(18) 一方、先に天智天皇一〇年生まれと推定した穂積皇子が初めて封戸を給されたのは、持統天皇五年正月一三日のことであった。すなわち、穂積皇子よりも年長であったと考えてよいだろう。このように考えると、忍壁皇子の生年以後、穂積皇子の推定生年である天智天皇一〇年以前ということになるだろう。

最後に天智天皇所生の芝基皇子の生年を考えてみよう。前掲の朱鳥元年の加封記事の列記順序が「芝基皇子・磯城皇子」となっており、芝基皇子のほうが磯城皇子よりも年長であったと思われる。また、前掲の吉野の盟約に、芝基皇子が末席ながらも参加しているのに対して、磯城皇子が参加していないことからも、その長幼関係は動かしがたいものと思われる。さらに、吉野の盟約における参加皇子の列記順序は、草壁皇子・大津皇子・高市皇子・川嶋皇子・忍壁皇子・芝基皇子となっている。

先の三人の列記順序は政治的配慮の下に記されたものと思われる。[19] しかし、あとの三人については、天智天皇所生の二人の皇子の間に天武天皇の皇子が挟まっていることから、生年順に記されたものと思われる。したがって、芝基皇子の生年は、忍壁皇子以後で磯城皇子以前であったと考えられるだろう。

以上、天武朝の皇子たちの生年を考察した。確認のため、彼らの生年を長幼順に次に列記しておこう。なお、その際史料から生年が知られるものはそのまま記すが、推定できる生年もしくは、推定できる可能な範囲を示しているものは、傍線を付して示すこととする。

高市皇子＝白雉五年（六五四）
川嶋皇子＝斉明天皇三年（六五七）
草壁皇子＝天智天皇元年（六六二）
大津皇子＝天智天皇二年（六六三）

忍壁皇子＝天智天皇二年〜同五年
芝基皇子＝天智天皇二年〜同一〇年
磯城皇子＝天智天皇二年〜同一〇年
穂積皇子＝天智天皇一〇年（六七一）
長皇子＝天智天皇二年〜天武天皇二年（六七三）
弓削皇子＝天武天皇二年（六七三）
舎人皇子＝天武天皇五年（六七六）
新田部皇子＝天武天皇九年（六八〇）

4　天武朝の諸王たち

†小紫位と諸王位

天武紀には、一〇件をはるかに超えるほどに諸王たちが頻出している。その一方で、天智紀をみると、七年六月条に死亡した伊勢《いせ》王が、同年七月条に大宰率に任命された栗前《くりくま》王が、そして一〇年六月是月条にやはり大宰率に任命された栗隈王がみえる。すなわち、天智紀では一〇年間でわずかに三件だけなのである。しかも、七年七月条と一〇年六月是月条は、重出ではないかと思われるので[20]、実質的には二件だけである。

このことから、天武朝になって諸王の処遇は明らかに変わったと思われる。諸王は、それまでの歴代天皇の子孫であろうと思われる。しかし、その系譜をたどることのできる諸王はほとんどいない。そのような中で、小紫という冠位を戴して、天武紀にたびたび登場する美濃王という人物がいる。彼については、後に改めて詳述したい[21]。

また、天武朝の諸王に関して、最も特筆すべきことは、諸王位が散見できることである。次にそれを列記しておこう。

天武天皇四年三月一六日条＝諸王四位の栗隈王を兵政官長に任ず
天武天皇八年三月九日条＝吉備大宰石川王の薨去に際し諸王二位を贈る
天武天皇九年七月二五日条＝納言兼宮内卿五位舎人王死去
天武天皇一二年一二月一三日条＝諸王五位伊勢王を遣わして諸国の境界を限らせる

諸王位の一位と三位を史料上で確認することはできないが、制度上は存在していたと考えてよいだろう。この諸王位については、天武朝になって創設されたとする説と[22]、天智天皇三年の冠位制に付帯して制定されたものとする説もある。[23] たしかに、天智天皇七年六月条で伊勢王が薨去した記事には、「未だ官位詳らかならず」と割注があり、天智朝において諸王に授ける冠位の存在したことを思わせている。

しかし、諸王位が必要になる背景には、諸王たちが官僚として職務を遂行する上で、その位置づけを明確にする必要性があったものと思われる。このように考えると、天智紀には諸王の存在そのものが、先にみたように触れられることが少ない。また、官職を得て政治に携わる諸王も稀有である。これに対して、天武朝になって諸王の扱いが格段変化することから、諸王位の必要性が生じるのは、天武朝になってからと考えるほうが妥当であろう。先に指摘した伊勢王の冠位が不詳だというのは、美濃王に授けられた紫冠などをさしているととることが可能だろう。これまでみてきたように、天武朝においては、小紫位を戴する諸王と諸王位を戴する諸王が、併行して存在したことになる。それでは、小紫位と諸王位の対応関係はどのようになるのであろうか。

†美濃王の活躍ぶり

このことについて、押部《おしべ》佳周《よしかね》氏は美濃王の「天武朝における活躍の状態から推して諸王中の代表格」であったとされた。[24] そして諸王の一位から五位までは、諸臣の錦位六階に相当すると考えるべきだとされた。たしかに、美濃王は天武紀に頻出する。しかし、彼は本当に「諸王中の代表格」といえるのであろうか。このように判断するためには、美濃王の活躍の状況を確認しなくてはならないだろう。

美濃王は、『日本書紀』『続日本紀』を通じて、一七件みることができる。この一七件をすべて同一の美濃王とみる説もある。[25] しかし、壬申の乱当初大和の甘羅《かむら》村《むら》で天武天皇に馳せ参じた美濃王と、父で大宰帥であった栗隈王に従って大宰府にいた美濃王がいる。前者は六月二四日で、後者は六月二六日のことである。同一であるとする説は、六月二四日に天皇に馳せ参じた美濃王が、天皇の命によって父の栗隈王を吉野方に与《くみ》するように説得させるために大宰府に遣わされたものと考えられているようである。六月二六日に近江方が大宰府に使いを発遣したが、その後の成り行きを便宜上二六日条に収めたに過ぎないとされるのである。

美濃王が甘羅村で馳せ参じた時点では、天武天皇はいまだに不破関を確保しておらず、乱の趨勢が最も危ぶまれる頃であった。[26] そのような時に天皇に馳せ参じた美濃王を、遠く離れた大宰府に発遣などしたであろうか。また、甘羅村で馳せ参じた美濃王は、自分の意志で天皇に与したようである。これに対して、大宰府の美濃王は、大宰帥である父につきしたがって大宰府にいたものと思われる。すなわち、いまだに出身していない少年であったと考えるべきであろう。乱の状況や年齢から推測すれば、別人であったと判断すべきであろう。

大宰府にいた美濃王は、橘《たちばなの》諸兄《もろえ》の父であることが、『続日本紀』天平宝字元年正月六日条の諸兄の薨伝から知ることができる。(27) したがって、一七件の美濃王関係史料から、橘氏の祖先である美濃王に関する史料を除いたものが、小紫を戴して天武朝に活躍した美濃王に関する史料であると考えられる。それらは、次の六件になると判断できる。

①天武天皇元年六月二四日＝大和甘羅村で天武天皇に与する
②天武天皇二年一二月一七日＝造高市大寺司《たけちおおでらつくるつかさ》を拝命する
③天武天皇四年四月一〇日＝龍田に遣わされて風の神を祀る
④天武天皇一一年三月一日＝新城に遣わされてその地形を調査する
⑤天武天皇一三年二月二八日＝信濃に遣わされてその地形を調査する
⑥天武天皇一三年閏四月一一日＝信濃国の図を献上する

①はすでに述べた通りである。②は後に大官大寺・大安寺となる国家的に重要な寺院の建築に関係している。③は祭祀のために遣わされている。④は土地の測量であろうが、新たな都をつくるためかとの割注が施されている。⑤も土地の測量であろう。⑥は⑤の復命であろう。②④⑤⑥をみると、美濃王は技術系にたけた人物であったようである。

†皇親と臣下の境界線をさまよう端境人として

美濃王は、天武天皇元年から同一三年まで、六回もその動向を知ることができる。まさしく押部氏がいわれるように、立派な活躍ぶりである。しかし、その活躍ぶりは、果たして諸王中の代表格といえるであろうか。

彼は、②で造高市大寺司を拝命している。高市大寺は、舒明天皇が草創した百済大寺を起点とする寺院で、後に大官大寺・大安寺と称される国家枢要の寺院である。[28]その寺院の建築に携わるのであるから、その職務は決して軽々しいものではなかったと思われる。『続日本紀』大宝元年七月二七日条によると、造大安寺司は寮に準するものとされている。養老令の官位相当制によると、その頭は従五位上ないしは従五位下であった。[29]また、③では龍田の風の神を祀っている。天武紀四年四月一〇日条によると、小錦中間人連大蓋《はしひとのむらじおおふた》がやはり龍田に遣わされている。すなわち、美濃王は錦冠の官僚と同等に扱われているのである。ちなみに、『延喜式』太政官式によると、「凡そ大忌・風神二社は、四月・七月四日に祭れ、式部省は四月・七月朔日に社別に王臣五位已上各一人を点定して、弁官に申し送れ」とある。もちろん、天智天皇三年改正冠位制では、紫冠は錦冠の直近上位に位置づけられていることから、錦冠よりも上位であったことは明らかであろうが、それほど高い冠位であったとは考えられないだろう。

これに対して、天武天皇四年三月一六日条にみえる諸王四位の栗隈王は、兵政官長であった。これは、令制の兵部卿に相当するものと思われる。令制の官位相当制に依るならば正四位上相当である。天武天皇九年七月二五日納言兼宮内卿で死亡した五位の舎人王も、令制ではやはり正四位上に相当する。すなわち、美濃王の立場は明らかに諸王位を戴する諸王たちよりも、低い立場であったとは断言できないまでも、押部氏がいわれるような「諸王中の代表格」といえないことは一目瞭然であろう。

むしろここで問題とすべきは、諸王でありながら、諸王位ではなく臣下に授けられるべき小紫の冠位に美濃王が甘んじなければならなかった理由とは、いったい何だったかである。美濃王は王を称しながらも、臣下の戴する冠位を与えられていたのである。私は、美濃王が皇親と臣下の境界線をさまよっていた端境人（マージナルマン）ではなかったかと考えている。そこで、本章を閉じるに当たって、美濃王の立場を通して、皇親概念の確立過程を考えてみたい。

5　皇親概念の確立

†王と名乗る者の状況

令制下においては、皇親概念が明確に設定されていた。養老令継嗣令皇兄弟子条には次のように定められている。

凡そ皇兄弟皇子は、皆親王と為《な》せ、女帝の子亦同じ、以外は皆諸王と為せ、親王より五世は、王の名を得ると雖も、皇親之限りに在らず、

親王より五世の子孫は、もはや皇親の範囲外になることが明確に定められている。すなわち、親王より四世の子孫、言い換えれば天皇より五世の子孫までが皇親なのである。ところが、親王の五世の子孫は、もはや皇親ではないにもかかわらず、王の名を得ることができた。このことから、令制下においてでさえも、皇親ではないにもかかわらず王を称する者が存在したことになるのである。

このような皇親概念が確立する以前においては、天皇の系譜をひく人々は、延々と王の名を称したことであろう。なにしろ、王の児《こ》として生まれたのであるから、慣習的に王を称さざるを得なかったことであろう。それが僭越であるというよりも、王の児として生まれたのであるから、他に名乗るべき氏が存在しなかったのである。しかし、慣習的に王の名を名乗ったとしても、あまりにも遠縁であることから、社会的にはもはや皇親ではないと認識されていたことだろう。

先に考察した美濃王は、王を名乗りながら、臣下に授けられる小紫を戴していた。まさしく彼は、慣習的に王を名乗ってはいるが、もはや皇親ではないと認識されていた立場であったと考えられるのである。そして、天武朝にはそのような臣下として扱われながらも、王を称し続けた立場の人々は、美濃王だけでなく、他に多数いたものと思われる。

本章の1で指摘したが、天武天皇の後宮に召された額田姫王は、王を称しながらも、その扱いは、采女や下級官吏の子女と同列に扱われていた。彼女もまた美濃王と同じ立場であったのではないかと思われる。偶然にも美濃王は技術官僚として有能であったため、天武紀に頻繁にみることができたが、王を名乗りながらも、臣下の冠位を戴して出身して、史料に残ることもなく生涯を終えた人々は、かなりいたものと思われる。

†皇親と臣下のボーダーライン

慣習的に王を名乗ってはいるが、もはや皇親ではないというような立場の人々を、事実上臣下として扱うならば、それは何も問題はないだろう。しかし、皇親と臣下の境界を明確化しなくてはならない事態になれば、どこでその境界を引くのかが大きな問題となるだろう。そして、天武朝において、その境界を明確にしなくてはならない事態が生じたのである。天武天皇一四年正月二一日に施行された四八階冠位制こそが、まさしくそれであったといえるだろう。その施行を『日本書紀』は次のように伝えている。(30)

丁卯、更に爵位の号を改める、仍ち階級を増し加える、明位二階、浄位四階、階毎に大・広有り、并せて十二階、以前は諸王已上之位なり、正位四階、直位四階、勤位四階、務位四階、追位四階、進位四階、階毎に大・広有り、以前は諸臣の位なり、

この日、草壁皇子以下の皇子たち及び諸王・諸臣に対して、実際にこれらの冠位が授けられている。この冠位改正により、それまでは諸王にのみ諸王位という冠位が授けられていたが、親王にも冠位が授けられることになったのである。明位・浄位都合一二階が、諸王以上すなわ

ち皇親にも授けられるべき冠位であることが明記されている。この冠位制を施行するにあたって、誰が明位・浄位を授けられるべきものかを明確にしなくてはならなくなった。要するに、皇親概念の明確化が必要になったのである。

何よりも、皇親概念を明確にするためには、それまで慣習的に王を称しながらも、事実上は臣下として扱われてきた、皇親と臣下の境界線上にいた美濃王のような存在を、制度上明確に臣下に位置づけることが焦眉の課題になったことであろう。この改正冠位制がこの日に施行されていることから、そのような課題はこの日以前に解決していたことになるだろう。そして、その課題の解決こそが、この冠位改正施行の前年に行われた八色の姓の制定であったと私は考えている。

†八色の姓の制定

八色の姓は、天武天皇一三年一〇月一日に制定された。『日本書紀』はその様子を次のように伝えている。

冬十月己卯朔、詔して曰く、更に諸氏之族姓を改めて、以て天下の萬姓《よろずのかばね》を混《まろが》す、一に曰く真人《まひと》、二に曰く朝臣、三に曰く宿禰《すくね》、四に曰く忌寸《いみき》、五に曰く道師、六に曰く臣、七

に曰く連《むらじ》、八に曰く稲置《いなぎ》と、

そして、この日以後実際に多くの氏族たちに新たな姓が授けられたのである。ただ、八色の姓の実例は、真人・朝臣・宿禰・忌寸の四色が確認できるだけである。そして、その一般的な傾向は、真人が継体天皇以降に分岐した皇別氏族に、朝臣がそれ以前の神話伝承に基づく皇別氏族に、宿禰が神話伝承に基づく神別氏族に、忌寸が渡来系や国造などのその他の氏族に授けられたものとされる。(31)

ところで、八色の姓が施行された直後の天武紀一三年一一月一日に、中臣連氏は他の五一の氏族とともに朝臣の姓を授けられている。中臣氏の祖先神は、記紀神話によると、天孫瓊瓊杵尊《ににぎのみこと》が高千穂に降臨する際に、神器を奉じてともに降臨してきた天児屋命《あめのこやねのみこと》であり、明らかな神別氏族であったが、この時一般的に皇別氏族に与えられるはずの朝臣を授けられているのである。

そもそも、本来姓とは神話伝承に基づいて、天皇家との親疎の関係を明示するものであった。(32)しかし、ここで「天下の萬姓を混す」と記しているように、「混す」という行為の主語は、天皇その人なのである。すなわち、天皇の裁量によって、万民の姓を決めることができるようになったのである。

周知の通り、記紀の筆録は天武朝において本格化した。(33)中でも記紀神話は、天皇家による国土支配の正当性を説明するものであった。そして、その記紀神話の中で、多くの氏族と天皇家の親疎関係が語られているのである。その一方で、天武天皇はその記紀神話に語られている姓の由来を、八色の姓の制定・施行によって改めようとしたのである。このように考えると、八色の姓の施行は、天武朝における容易ならざるものであったとしなくてはならないだろう。

八色の姓の中で、この時新たに真人という姓が創設されている。これは、継体天皇から分岐した比較的近親の皇別氏族に授けられる姓であった。この真人の創設については、井上光貞氏が「皇族諸氏を臣民の上に置いてその序位を正そうとした」のだと評価された[34]。また、竹内理三氏は真人姓氏族を「皇親的氏族」と評され、諸氏族の上位に位置づけたとされた[35]。

†皇親の概念の明確化

しかし、その後の経過をみると、真人姓氏族が朝臣姓氏族に対して優位に扱われた形跡は認められない。このことから、王を称しながらも臣下として認識されていた人々を明確に臣下に位置づけるために設けられた姓であると考えるべきであろう。そして、天武天皇は、継体天皇から数えて五世孫に当たる。すなわち、天武朝とは継体天皇から数えて六世孫が出現する時代だったのである。

これら六世孫を含め、これまで慣習的に王を名乗っていた人々を、明確に臣下に位置づけることこそが、八色の姓の制定・施行の意義であったとすべきであろう。すなわち、天武天皇一四年の冠位改正の前段階として、皇親の概念の明確化が必要であり、まさしくそれを明確化する手段こそが八色の姓の制定・施行だったのである。そして、天武朝における皇親の範囲は、令制と同じく天皇から数えて五世孫までをさしていたと考えることができるだろう。

先にみた美濃王は、天武朝において天武紀元年から同一三年まで、王を称して活躍している。美濃王は、天武天皇一三年閏四月一一日に信濃国の絵図を献上して後、史料にみえなくなってしまう。この直後に命を終えたのかもしれない。しかし、この時以後も生きていたとするならば、それまで臣下として位置づけられながらも、王を称していた彼は、八色の姓の制定・施行によって王を名乗ることができなくなり、真人としての氏を賜り、明確な臣下に位置づけられたと考えることができるであろう。

6　本章のまとめ

本章では、天武朝の皇親たちについて考えた。まず最初に、皇親を生み出すことになる天武天皇の后妃とその所生の皇子たちを概観した。次にそれら后妃の中で、特別の待遇を受けた菟野皇女について考察した。持統天皇即位前紀にみえる彼女の天武天皇二年の立后に疑問を呈した。彼女の動向と天武天皇八年五月六日の吉野の盟約を詳細に分析し、吉野の盟約こそが、彼女の立后儀式であったと考えた。さらに、彼女が立后した結果として、その二年後の草壁皇子の立太子に至ったと考えた。

次に天武朝の皇子たちの生年を考察した。その結果、天武天皇所生の皇子一〇人と天智天皇所生の皇子二人、都合一二人の生年順序は、高市皇子・川嶋皇子・草壁皇子・大津皇子・忍壁皇子・芝基皇子・磯城皇子・穂積皇子・長皇子・弓削皇子・舎人皇子・新田部皇子であることを明らかにした。

さらに、天武朝の諸王の存在について考えた。天武朝当初においては、諸王位を戴する王と小紫位を戴する王が併存していたことを指摘した。小紫位を戴して天武朝に活躍した美濃王の動向を分析し、小紫位が諸王位の下位に位置づけられることを明らかにした。その結果、美濃王は慣習的に王を名乗ってはいるが、社会的には臣下として位置づけられるべき存在であると推定した。

最後に、皇親概念の確立過程について考えた。美濃王のように、皇親と臣下の境界線上をさまよう存在は、皇親冠位を定めた天武天皇一四年の冠位制においては、峻別されなくてはならなかった。そのため、皇親冠位制施行前年の天武天皇一三年一〇月一日に八色の姓を制定・施行し、真人の姓を新たに設け、そのような人々を明確な臣下として位置づけたのである。(36) 真人の姓を授けられた氏族は、継体天皇以後に派生した氏族であり、天武天皇が継体天皇から数えて、五世孫に当たることから、天武朝における皇親概念は、令制と同じく、天皇から数えて五世孫までを皇親と考えていただろうと推測した。以上が本章のまとめである。

注

(1)『国史大辞典』5(吉川弘文館)の「皇親政治」の項によると、「天武・持統朝から奈良時代前半にかけての政治形態の一特色についての語」と解説している。

(2)持統天皇即位前紀によると、天武天皇二年に立后され、「政事に及びて、毘け補う所多し」と記されている。なお、彼女の名前の表記は「鸕野」と表記する場合もあるが、小稿では、引用文を除いて「菟野皇女」で統一する。

(3)養老令後宮職員令妃条には「妃二員　右四品以上」とあり、夫人条には「夫人三員　右三位以上」、嬪条には「嬪四員　右五位以上」とある。義江明子『女帝の古代王権史』(ちくま新書、二〇二一)は、この后妃子女列記事の皇后・妃・夫人の称号については、「編纂時の観念と評価による後世のもの」と評される。

(4)雄略紀二年一〇月六日条によると、宍人部が設置され、天皇の食膳を担当したことがみえるが、宍人氏はこの宍人部を統括する伴造氏族であった。

(5)『大日本古文書(正倉院文書)』二五(一三二頁)によると、天平勝宝二年八月に三〇日間上日した宍人国足の肩書が、「大膳職膳部」となっている。

(6)塚本明美「奈良時代の采女制度に関する一史論」(『古代史の研究』1、一九七八)は、令制下で采女が後宮に召される例のないことを指摘している。なお、塚本氏は采女が後宮に召された最後の例を、天智朝の伊賀采女であるとしているが、その系譜からみて、高市皇子の生母も采女であったと考えてよいだろう。

（7）本章における天武天皇所生皇子の生年については、拙稿「天武天皇所生皇子生年考証」（『万葉』一〇五、一九八一、のち『古代天皇制史論』創元社、一九八八）に詳述しているので併せて参照されたい。

（8）瀧浪貞子『持統天皇』（中公新書、二〇一九）は、彼女が天武天皇二年に立后したとされる。しかし、私は天武朝前半において、彼女が皇后として活躍した形跡のないことから、天武天皇八年五月の吉野の盟約が、菟野皇女の立后儀式であったと考える。このことに関しては、拙稿「鸕野皇女と吉野の盟約」（『日本書紀研究』一五冊、一九八七、のち『古代天皇制史論』前掲注7）に詳述しているので併せて参照されたい。

（9）北山茂夫「持統天皇論」（『日本古代政治史の研究』岩波書店、一九五九）による。なお、直木孝次郎『持統天皇』（吉川弘文館人物叢書、一九六〇）も北山説を継承しているものと思われる。なお、最近では瀧浪貞子『持統天皇』（前掲注8）が、この説を継承しておられる。

（10）光明子立后の政治的背景については、岸俊男「光明立后の史的意義」（『日本古代政治史研究』塙書房、一九六六）に詳しい。

（11）朝日新聞社本『続日本紀』の当該条頭注には「後方の政にて後宮のことなり」とする。

（12）木下正子「日本古代后権に関する試論」（『古代史の研究』3、一九八一）は、単に後宮を指すのではなく、皇室全体の内治を意味するものとする。

（13）養老令選叙令の蔭皇親上条は、「凡そ皇親に蔭せんは、親王の子従四位下、諸王の子に従五位下、其の五世王は従五位下、子は一階を降せ、庶子又一階を降せ、唯別勅に処分するは、此の令に拘わらず」とある。

（14）養老令選叙令の授位条は、「凡そ授位は、皆廿五以上を限れ、唯蔭を以て出身選は廿一以上を限れ」とある。

（15）『万葉集』巻二の長皇子の作歌（一三〇番）の題詞には「長皇子の皇弟に与え給える歌一首」とある。ここでいう「皇弟」は弓削皇子をさすと思われることから、二人の重陽関係は明らかであろう。

（16）直木孝次郎氏は、大津皇子に付された「第三子」に関して、皇太子草壁皇子を第一子とし、太政大臣高市皇子を第二子とし、朝政を聴いた大津皇子を第三子とした、政治的配慮に基づく数え方があったものと提唱される。しかし、『日本書紀』を通じて、常に第何子は生得順位で数えられていることから、成り立ちがたいものと思われる。
(17)『続日本紀』和銅七年六月二五日条には、「庚辰、皇太子元服を加える」とみえる。なお、首親王は大宝元年生まれであるから、一四歳での元服であったことになる。
(18) 青木和夫「日本書紀考証三題」(坂本太郎博士還暦紀年『日本古代史論集』吉川弘文館、一九六二)は、皇子が封戸を給されるのは、父天皇からの経済的独立を意味するものと提言しておられる。
(19) 前三人の列記順序は、明らかに生年順ではなく、後代彼らが皇太子・太政大臣・朝政参与を経験していることから、このような政治的立場を考慮したものと考えられる。
(20) 岩波本『日本書紀』の同条頭注では、「七年七月条は本条の重出である」としている。
(21) 小紫位を戴して活躍した美濃王の詳細な動向については、拙稿「小紫美濃王について」(横田健一先生古希紀年『文化史論叢』下、一九八七、のち『古代天皇制史論』前掲注7)に詳述しているので、併せて参照されたい。
(22) 坂本太郎「古代位階制二題」(『滝川博士還暦紀年論集』日本史編、中沢印刷、一九五七)は、諸王位を天武朝創設とする。
(23) 喜田新六「位階制の変遷について」上・下(『令制下における君臣上下の秩序について』皇學館大学出版部、一九七二)は、諸王位を天智天皇三年改正冠位制に付帯したものとする。
(24) 押部佳周「天武・持統朝の冠位制」(『日本律令成立の研究』塙書房、一九七一)参照。
(25) 鈴木浩「三野王について」(『天理大学学報』九八、一九七五)はすべての美濃王を同一人と考えている。また、百江和昭「ミノ王に関する諸問題」(『古代史の研究』6、一九八四)は、壬申紀にみえる大和甘羅村で天武天皇に馳せ参じた美濃王と太宰府にいた美濃王を、鈴木氏に従って同一人とはされるが、天武朝に二人の美濃王が併存したともされる。
(26) 吉野方が不破関を確保するのは、壬申紀によると、美濃王が大和甘羅村で天武天皇に馳せ参じた二日後の六月二六日のことであった。
(27)『続日本紀』天平宝字元年正月六日条に収める橘諸兄の薨伝によると、「大臣は贈従二位栗隈王之孫、従四位下美奴王之子也」と記されている。
(28) 大安寺の淵源は、舒明天皇がその一一年に百済川河畔に百済大寺を創建したことに始まる。その後天武天皇が高市郡に移転させ、平城遷都に伴い平城京に移転し、それと同時に大安寺と称したものと思われる。
(29) 職員令によると、大舎人寮の頭は従五位上相当であるが、同じ寮でも陰陽寮のそれは、従五位下相当である。
(30) 古代における冠位・位階制度の変遷については、黛弘道「冠位十二階考」(『律令国家成立史の研究』吉川弘文館、一九八二)に概略が示されている。
(31) 太田亮『日本上代社会組織の研究』(邦光書房、一九五五)参照。
(32) 溝口睦子「カバネ制度と氏祖伝承」上・下(『文学』五一-四・五、一九八三)参照。
(33) 坂本太郎『六国史』(吉川弘文館、一九九四)参照。
(34) 井上光貞「庚午年籍と対氏族政策」(『日本古代史の諸問題』思索社、一九七二)参照。
(35) 竹内理三「天武「八姓」制定の意義」(『律令制と貴族政権』御茶の水書房、一九五七)参照。
(36) 八色の姓と天武天皇一四年の皇親冠位制の関係については、拙稿「天武朝の対皇親政策」(『古代史の研究』7、一九八七)で詳述しているので、併せて参照されたい。

第四章　天武朝政治の担い手たち

本章では、天武朝政治の担い手について考える。令制下では、太政大臣・左右大臣・大納言が議政官として、天皇の命を奉じて政治の担い手となり、卿もしくは公卿と敬称された。これらの官職が、三位相当以上であることから、三位以上に叙位されたものも、そのように敬称された。

さらに、令外《りょうげ》の官として、これらの職を補佐する官職として中納言・参議が置かれるようになった(1)。これらの官職は、慣習的には四位相当職であったが、これらの官職にある者も、議政官として公卿と敬称された。なお、八省の長官はその官職が卿であるため、中務卿《なかつかさきょう》などと称されたが、四位相当職であるため、厳密な意味では公卿ではない。

ただし、令制下の大官司の長官は、おおむね五位相当職であり、五位以上が昇殿を許されたことから、殿上人《でんじょうびと》と称され、貴族として扱われた。そのため、大夫と敬称されることが一般的であった。すなわち、令制下の政治の担い手たちは公卿大夫と敬称される人々たちだったのである。それでは、天武朝における政治の担い手とは、どのようになっていたのであろうか。

前章でも述べたが、天武朝政治の形態は、一般的に皇親政治だったといわれている。たしかに、多くの諸王たちが官職を得ていた。その意味で、皇親が政治に関与していたことは間違いないだろう。しかし、彼らは公卿と呼ばれる立場であったのだろうか。また、天武朝では高市皇子や大津皇子が冠位を得て、政治にかかわっていたと思われる。その他の皇子たちも、天武朝末年には皇親冠位を授けられて、順次政治に何らかの関与をしていたものと思われる。彼らは、皇親政治と呼ばれるほどに、政治に大きな影響力を有していたのであろうか。そのことを検証するためには、天武朝の皇子たちが、どのような形で政治に携わっていたのかを明らかにする必要があるだろう。本章では、以上のような問題を考えてみたい。

1　公卿大夫

†政治に携わる皇親たち

天智朝の末年には、大友皇子が太政大臣、蘇我赤兄が左大臣、中臣金が右大臣、そして蘇我果安・巨勢人・紀大人が大納言相当と思われる三人の御史大夫《ぎょしたいふ》が任じられている。(2) 彼らは、明らかに公卿であったと思われる。しかし、天武朝にはこのような官職への任官者は、全くみられない。もちろん、天武朝には、皇親がこのような官職に任官した形跡も全くない。このため、天武・持統朝の政治を皇親政治とはいうものの、実質的な皇親政治は持統朝になってからだとする説もある。(3)

その一方で、天武朝初年から、皇親と呼ばれる多くの人々が、さまざまな職を得ているのである。このことから、たしかに皇親たちは、天武朝において政治に携わっていることが確認できるのである。皇親が政治に携わった例を一覧すると次のようになる。

天武天皇二年四月一四日＝大来皇女＝斎宮に遣わされる
天武天皇二年一二月一七日＝美濃王＝造高市大寺司任官
天武天皇四年三月一六日＝栗隈王＝兵政官長任官
天武天皇四年四月一〇日＝美濃王＝龍田風神を祀る
天武天皇五年九月一二日＝屋垣《やがき》王＝筑紫大宰率任官
天武天皇八年三月九日＝石川王＝吉備大宰で死去
天武天皇九年七月二五日＝舎人王＝納言兼宮内卿で死去
天武天皇一〇年三月一七日＝河嶋皇子・忍壁皇子・広瀬王・竹田王・桑田王・三野《みの》王

＝帝紀及び上古諸事を記し定めしむ
天武天皇一一年三月一日＝三野王＝新城に遣わされ、その地形を検分させる
天武天皇一二年三月一日＝大津皇子＝朝政を聴かしむ
天武天皇一二年一二月一三日＝伊勢王＝天下を巡行し、諸国の境界を定めさせる
天武天皇一三年二月二八日＝三野王＝信濃に遣わされ地形を検分する
天武天皇一三年閏四月一一日＝三野王＝信濃国の図を進上する
天武天皇一四年九月一一日＝宮処王・広瀬王・難波王・竹田王・弥奴《みの》王
＝京畿内に遣わして、各人夫の兵を校ぜしむ

記紀では天武朝に至るまでも、多くの皇親が語られてきた。しかし、それは天皇あるいは皇親の系譜を語るために所出することがほとんどだった。ある特定の職務を戴して語られる皇親は、天智朝末年の太政大臣に任官した大友皇子を除けば、ほとんどなかったといっても過言ではないだろう。しかし、天武朝になると、このように多くの皇親が政治に携わることになるのである。まさしく、天武朝は皇親が政治に携わる時代であったと評しても過言ではないかもしれない。

臨時の官もしくは地方派遣官として

しかし、そのように評する前に、彼ら皇親の帯びた職務を検討する必要があるだろう。これら皇親の中で、最も注目すべきは、天武天皇九年に、納言《なごん》兼宮内卿《くないきょう》で死んだ舎人王である。彼の納言という職は、持統朝には中納言がみえることから、大納言・中納言・少納言に分化する(4)。この納言が大納言相当であれば、令制三位相当で立派な議政官であり、公卿である。しかし、少納言であれば、従五位下相当職で、大夫級とはいえ最下級に当たる中級官僚である。このことについて、天武天皇の殯で朱鳥元年九月二八日に布勢御主人が、太政官のことの誄をしている記事がみえる。彼はどのような資格だったのだろうか。

彼は、持統天皇元年正月一日にも誄をしているが、その肩書はまさしく納言であった。すなわち、彼は納言として太政官を代表して誄をしたのである。このように考えると、天武朝の納言こそが、太政官を代表する公卿であったとみるべきだろう。ただ、舎人王は皇親であったが、その後布勢御主人《ふせのみぬし》も務めていることから、天武朝の納言は皇親のための官職ではなかったと思われる。

令制下、太政大臣は天皇に師範する職責を有しており、その権限は非常に大きなものであった(5)。左右大臣も、それに準ずる権限を有していた。それに対して、大納言は「参議《さんぎ》庶事《しょじ》」であり、政治に参加するというものであった。(6) 天武天皇は、大きな権限を有する大臣を任命せず、ただ単に政治に関与できる納言だけを公卿として任命していたのである。

それでは、天武朝に政治に携わった多くの皇親たちは、舎人王と同じように、公卿として遇されたのであろうか。天武天皇一二年の朝政を聴いた大津皇子については、のちに詳述することにしたい。そこでまず、天武天皇四年の栗隈王の任ぜられた兵政官長について考えてみたい。(7) この職は、令制下の兵部卿に相当すると推測され、八省の卿に相当する職務であると思われる。しかし、これは先にも述べたように、厳密な意味での公卿ではなかった。令制の官位相当制によれば、これら八省の卿は四位相当職であり、大夫と呼ばれる立場であったと思われる。このほかの皇親たちが帯びた職務の多くは、臨時の官もしくは地方派遣官である。

このようにみると、たしかに天武朝には多くの皇親が、間違いなく政治に携わっていたが、彼らは天武朝政治の中心的な担い手であったとは決していえないだろう。それでは、天武朝政治の担い手である公卿に相当する立場の者とは、皇親で納言を務めた舎人王や布勢御主人だけだったのだろうか。天武天皇は、その二年二月二七日に飛鳥浄御原宮で即位礼を行ったとき、「有司に命じて、壇場を設け」させたと記している。この「有司」こそが天武朝の官僚であったと思われる。一方、その二年五月一日条によると、次のような詔を発している。

五月乙酉朔《ついたち》、公卿大夫及び諸の臣連并伴造等に詔して曰く、初めて出身する者は、先ず大舎人に仕えよ、然る後に其の才能を選簡して、以て当職に充てよと

公卿大夫たちに対して、官人出身の具体的な任用方法を提示しているのである。それによると、まず官人に採用された者は、天皇の身近で奉仕する大舎人となり、その職務遂行中に才能を勘案して、適切な職場に配置せよというのである。これによると、天武朝の官僚は、天皇の側近くに大舎人として勤務しているのであるから、勤務中にその才能を勘案するとは言うが、天武天皇の判断が大きく左右したであろうと思われる。すなわち、天武朝の官僚たちは、天武天皇が斟酌して配置していたことになるのである。ところで、ここでは明らかに「公卿大夫」という言辞が記されている。このことから、天武朝には確かに公卿大夫が存在したと思われるのである。(8)

†大豪族たちの待遇

また、天武天皇三年三月七日には、対馬の国司が、初めて国産の銀を発見して献上した。これに伴い、「周《あまね》く小錦以上の大夫に賜う」と賜物記事がみえる。すなわち、「公卿大夫」のうち、「大夫」とは、天智天皇三年改正冠位制の錦冠以上の者をさしていることが分かる。これによ

って、令制下の五位以上の立場が、小錦冠以上の立場の者であったことが分かる。そして、その大夫の上位に公卿はたしかに存在していたのである。

ところで、天武天皇二年五月一日の詔は、「公卿大夫及び諸の臣連并伴造等」に対して出されたものである。公卿大夫は明らかに天武朝の官僚たちをさしていることは間違いないだろう。そして、多くの臣と連さらには伴造たちをも対象としているのである。

このようなことは、律令官僚制と位階制度に基づいた令制下ではありえないのではなかろうか。令制下の詔は『続日本紀』によって知ることができる。ただし、『続日本紀』の前半部分は、詔を省略ないしは節略している場合が多い。(9) 天平元年八月五日条に収める天平改元の詔は、ほぼ原文のままであると思われる。この詔が発せられた対象は、「親王等・諸王等・諸臣等・天下の公民」を対象として発せられている。

もちろん、奈良時代においても巨大氏族の政治的影響力を完全に払拭はできていなかった。しかし、律令制度の建前上は、いかに巨大氏族であろうと、それは諸臣と称される官僚であり、天下の公民なのである。(10) このような観点で、先の二年五月一日の詔を見直すと、天智天皇三年改正冠位制に基づく、官僚の序列化が存在する一方で、天武朝では大化前代からの氏族たちによる合議制の影響が強く残っていたものと思われる。(11) 第二章で天武天皇一一年八月二二日の官僚の選叙・考課の要件でみた通り、そこには業績・能力以上に族姓が重要視されていたのである。律令制の成立を目指す天武天皇ではあったが、族姓に配慮を怠ってはならない時代だったのである。

ところで、天智朝末年には、大豪族たちは、左右大臣と三人の御史大夫が任命されている。そして、彼らはそれぞれの氏族の代表として、議政官の待遇を受けていたのである。その彼らと同じような立場にあった氏族の代表者たちは、壬申の乱後の天武朝において、どのように遇されたのであろうか。たしかに、天武朝を通じて大臣などの議政官の職名をみることはできない。しかし、天武朝においては、これら巨大氏族の代表者たちは、ある程度の発言権を保有して、公卿として遇されていたのではないかと思われる。事実、令制下での大納言の定員は四名であった。天智朝末年の大納言に相当する御史大夫は、三人が任命されていた。それまで、議政官としての立場を有していた彼らは、天武朝において納言もしくは参議のような資格で、公卿として遇されていたのではないかと考えられる。たしかに皇親である舎人王が納言に任官した例をみることができる。しかし、公卿である納言という官職は、必ずしも皇親のためのものではなく、むしろ巨大豪族の代表者のための官職であったとみるべきであろう。

先に、皇親が臨時の官もしくは地方派遣官の職を帯びるものが多かったことを指摘した。もし、彼ら皇親を中央の恒久的な官司の長に任じた場合、皇親でありながらも、明らかに巨大氏族の代表者である公卿たちの下位に位置づけることになってしまうのである。それを憚ったがゆえに、皇親は臨時の官や地方派遣官に任じられたものと思われる。もちろん、このような公卿のあり方が、天武天皇が目指した最終的な政治形態ではなかったとは思われる。しかし、畿内豪族の発言権をある程度担保する一方で、皇親を政治に携わらせるための妥協策であったといえるだろう。

2　高市皇子の政治参加

†壬申の乱における高市皇子の動き

これまで私は、諸王の多くが八省の卿相当で、大夫級に位置づけられ、舎人王などごく一部の皇親と、それまで氏族代表であった大豪族の代表者が公卿として遇されていたと推測してきた。しかし、諸王が大夫級であるならば、その上位に皇子たちが公卿として君臨していてもよいはずだと考える人もいるだろう。もちろんそのように考えたほうが、皇親政治にふさわしいだろう。

だが、私は天武朝初頭においては、そのような想定は成り立たないと考えている。天武朝の皇子たちは、第三章で考察した通り一二人存在した。その中で、最も年長であったのは、天武天皇が龍泉時代に儲けた高市皇子であった。彼は白雉五年の生まれだと思われることから[12]、一九歳で壬申の乱に遭遇したことになる。草壁皇子は天智天皇元年生まれなので一一歳、大津皇子は天智天皇二年生まれなので、わずかに一〇歳だったことになる。先にも述べたが舎人親王に至っては、天武天皇五年の生まれで、天武朝初頭にはまだ生まれてもいなかったのである。

元明天皇が、その実娘の元正天皇に譲位する際の詔には、「此の神器を以て、皇太子に譲らんと欲す、而《しか》して年歯幼稚にして、未だ深宮を離れず」とみえる。すなわち、元明天皇は、本来首親王（のちの聖武天皇）に譲位をしたかったのであるが、彼が幼くて、未だに後宮で養育されていたため、致し方なく元正天皇に譲位するのだと述べているのである。

首親王は大宝元年の生まれであるから[13]、この時すでに元服を終えて一五歳になっていた。しかし、その一五歳とは未だに後宮で養われている年齢だったのである。このように考えると、草壁皇子や大津皇子が、天武朝初年に公卿として政治に携わることは、当時の慣習としてはありえないことだったと思われる。むしろ、前年の和銅七年に首親王が一四歳で元服したことは、本来の慣習よりも早すぎたのではないかとさえ思われる。

一五歳で後宮で養われていれば、政治に携わることは困難だろう。しかし、一九歳で壬申の乱を経験した高市皇子ならば、公卿として政治に携わってもよいではないかとも思われる。事実、壬申紀によると、近江大津京を脱出した皇子は、六月二五日に伊賀の積殖《つみえ》で、天武天皇に合流し、翌日には不破関《ふわのせき》に遣わされて軍事を監督している。このことは、『万葉集』巻二に収める彼の挽歌にも、麗々しく詠われている。[14] なお、この日山背部小田《やましろべのおだ》・安斗阿加布《あとのあかふ》を東海道に、稚桜部五百瀬《わかさくらべのいおせ》・土師馬手《はじのうまて》を東山道に、それぞれ遣わして軍事動員を命じている。

一九歳の皇子が、壬申の乱においてこれほどの活躍をしたのであれば、天武朝初年から公卿として遇されてもしかるべきかもしれない。しかし、一九歳の少年を公卿として遇することを、それまで政治に参加していた豪族たちが認めたであろうか。何よりも、それまで皇子が政治に参加するという慣習が存在しなかったのである。その慣習を破って、一九歳の少年の政治参加が、当時の慣習からみて許されたであろうか。族姓を斟酌しなければならない天武朝初年であれば、憚られる問題であったと思われる。

†高市皇子の拝朝

このような観点で、壬申紀を見直すと、不破に遣わされた翌日の六月二六日に、高市皇子は桑名郡家《ぐんが》にとどまっていた天武天皇に、使いを遣わして、「御所の遠くに居りては、政を行うに便ならず、近き所に御すべし」と奏上している。この奏上を受けて、天武天皇は即日高市皇子のいる不破へと移動している。同日に派遣された東海道や東山道への使者からは、このような奏上はなかった。すなわち、不破で軍事監督を命じられた高市皇子には、それが荷の重すぎる役目であり、父の天武天皇に泣きついたものと思われる。(15) そして、その最大の要因は、高市皇子が若すぎることであろう。幼い皇子に軍事命令を発せられても、豪族たちは素直に従えなかったものと思われる。

もちろん、諸王を政治に参加させた天武天皇のことであるから、皇子たちを何らかの形で政治にかかわらせたかったであろう。それでは、最年長の高市皇子が政治に参加するのはいつのことであろうか。天武天皇五年正月四日条によると、「高市皇子以下小錦以上の大夫に、衣・袴・褶・腰帯・脚帯《あしおび》及机・杖を賜う、唯《ただ》し小錦三階は机を賜わず」とみえる。

この詔で注目すべきは、詔の対象とする範囲が、小錦以上として、天武天皇二年五月一日の詔のように、「諸の臣・連并伴造等」という文言が排除されていることであろう。完全ではないにしろ、豪族合議の政治を脱却し、天皇専制政治を行おうとする強い意志がみられるのである。さらに、「高市皇子以下小錦以上の大夫」とあるように、大夫層以上の頂点に高市皇子を位置づけたことである。皇子に授けるべき冠位が制定されるのは、天武天皇一四年のことであるから、この時点で高市皇子はいかなる冠位をも有してはいなかった。それゆえに「高市皇子以下」と表現する以外に方法はなかったのであろう。

この時、高市皇子は二三歳であった。ただ、高市皇子の名前が直接出てはいないが、前年の四年一月二日条には、「皇子以下百僚諸人拝朝す」とみえる。この皇子以下の中に高市皇子が含まれていたものと考えたい。もちろん、天武朝の彼以外の一一人の皇子たちは、彼よりかなり若年であるから、ここでは「皇子以下」と記しているが、まさしく高市皇子をさしているものと思われる。

皇子が拝朝するという記事は、これが初めてのことである。四年正月に拝朝したのであれば、その前年にすでに高市皇子は政治に参加していたとみることができるだろう。このことから、高市皇子が政治参加できる年齢に達したことを以て、皇子の拝朝参加が行われるようになったものと思われる。したがって、高市皇子の政治参加は皇子の拝朝の前年の天武天皇三年のことであり、彼が二一歳の時であったと考えることができるだろう。

†皇親の扱われ方の変化

なお、天武天皇五年七月二日条には、「卿大夫及び百僚諸人等に爵を進めること、各差有り」とみえるが、この卿の中には高市皇子は含まれてはいなかっただろう。なぜならば、この時点で皇子に授けるべき冠位は存在しなかったからである。したがって、加爵することができなかったはずである。それでも、冠位を有さないとはいえ、高市皇子は間違いなく公卿の筆頭に位置づけられたのである。

天武天皇九年正月八日条によると、「天皇向小殿に御して、而て王卿を大殿之庭に宴す」とみえる。この中には高市皇子だけでなく、その年齢差からみて河嶋皇子も含まれていたのではないかと思われる。(16) ところで、この記事でとくに注目すべきは、王卿に対して一括して大極殿の庭において宴を賜ったことである。高市皇子は王卿の筆頭とはいえ、他の臣下と大極殿の庭に列座していたのである。

ところが、天武天皇一〇年正月七日条をみると、「天皇向いの小安殿《こあんどの》に御して宴《うたげ》す、是日、親王・諸王を内安殿《うちのあんどの》に引入れ、諸臣は皆外安殿《とのあんどの》に侍りて、共に酒を置き以て楽を賜う」とみえる。すなわち、皇親が臣下と別格に扱われているのである。このように、天武朝では時を追って、天皇と皇親、天皇と豪族、皇親と豪族の関係が、目まぐるしく変化しているのである。それは、天武天皇その人が、皇親・豪族との関係を、自らが理想とするものへと少しでも近づけたいとの思いから、それまでのやり方を必要に応じて変化させていったものと思われる。

このように、天武朝の目まぐるしい変化を確認するならば、これまでのように天武朝は皇親政治の時代であったと、一言で言い表すことは極めて不適切であろう。皇親と豪族の力関係の変化によって、皇親の扱われ方は天武朝を通じて、刻一刻と目まぐるしく変化しているのである。それでは、天武天皇は、皇親や豪族との関係をどのようにしたかったのだろうか。天武天皇が目指した目標を明らかにしなければならないだろう。このことについては、本章で天武朝政治の担い手たちをみたのちに、第五章で検討することにしたい。

3　草壁皇子と大津皇子

†ふたりの皇子はなぜ別行動を取ったのか

高市皇子に次いで、天武紀でよく語られるのは、草壁皇子と大津皇子である。第三章でみたように、草壁皇子は天智天皇元年生まれ、大津皇子は同二年生まれで、ともに生母は天智天皇の皇女であった。しかし、草壁皇子は天武天皇一〇年に立太子するが、大津皇子は天武天皇崩御直後に謀反の罪で世を去っている。

壬申の乱においては、草壁皇子は天武天皇の吉野隠棲に同道することができたが、大津皇子は近江大津京に留め置かれた。あたかも人質にされたかのようにも思われる。かりにもしそうだとするならば、草壁皇子は大津皇子に比べて、天武天皇から格別の寵愛を受けていたことになるだろう。壬申紀によると、忍壁皇子も吉野に同道しているにもかかわらずである。

また、菟野皇女が吉野に同行したことは、壬申紀に明記されている。このことは、その後彼女が持統天皇として即位してから、いたるところで称揚されることになる。瀧浪貞子氏は、多くの諸妃の中で彼女だけが吉野に同行したものとして、彼女の乱における特殊な立場を強調される。[17]しかし、本当に彼女だけが吉野に同行し得たのであろうか。このことを含め、この二人のことを語る際には、この二人が吉野と近江大津京に分かれなくてはならなかった要因を明らかにする必要があるだろう。

壬申紀によると、六月二四日に吉野を出発する際に、天武天皇は大分恵尺《おおきだのえさか》らに命じて、駅鈴を奪取するよう命じている。そして、とくに恵尺には近江に馳せて、高市皇子と大津皇子に伊勢で合流するように伝達させている。しかし、高市皇子は二五日に積殖の山口で天皇に合流している。大津皇子は二六日に鈴鹿の関で合流を果たしている。ただし、大津皇子は二五日には鈴鹿の関に到着していたが、情報の齟齬があり、二六日の対面となったことになっている。

高市皇子と大津皇子が、それぞれ別行動をとっていることから、この二人の皇子はともに恵尺の伝達によって行動を起こしたのではないと思われる。おそらく、高市皇子は恵尺の到来を待たずに脱出したのであろう。大津皇子については、鈴鹿の関に恵尺を伴ってきているので、彼は恵尺の伝言に基づいて大津京を脱出したものと思われる。すると、彼らは大津京でかなり自由な行動をとることができていたことになるだろう。すなわち彼らは、人質として、大津京で監視下に留め置かれていたのではないとすべきであろう。

†公卿に列せられなかった草壁皇子

当時の婚姻形態は、招婿婚《しょうせいこん》が一般的であった。[18] 男性が女性のもとに通うのである。それゆえ、夫婦に子供が生まれた場合、その子供は経済的に独立するまでは、女性の下に留め置かれるのである。大津皇子の生母は、菟野皇女と同じく天智天皇の皇女である大田皇女であった。しかし、大田皇女はすでに天智朝に他界している。[19] そのため、その所生の子である大津皇子は、祖父である天智天皇の下で養育されたものと思われる。持統天皇即位前紀に収める大津皇子薨伝の中に、「天命開別天皇の為に愛《めぐ》まれるところなり」と評されているのは、彼が天智天皇の膝《しっ》下《か》で育てられたことによるものであろう。このように考えると、草壁皇子が吉野へ同道できたのは、天武天皇のことさらの彼に対する寵愛によるものではなく、菟野皇女が吉野へ同道したことから、自動的に生母につき従って吉野へ同道したと考えるべきであろう。

また、高市皇子はこの時点で一九歳であった。この年齢はすでに元服を終えた年齢であったと思われる。おそらく、朝廷から封戸を給されて経済的な独立を果たしていたものと思われる。したがって、天武天皇に同道することなく、大津京で独立した生活を過ごしていたものと思われる。

ちなみに、忍壁皇子が吉野へ同道しているが、彼の年齢はこの時点で大津皇子の一〇歳よりも若年であったと思われる。このことから、彼も生母である檝媛娘に同道して吉野に赴いたものと理解すべきであろう。菟野皇女の吉野同行が壬申紀に明記されたのは、後に皇后となり、さらに即位して天皇として活躍することから、彼女の動向が特筆大書されたに過ぎないのであろう。ともあれ、吉野へ同道した女性は、彼女ただ一人というわけではなく、忍壁皇子の生母も同道していたのである。(20)

第三章で述べたように、天武天皇八年五月六日の吉野の盟約を機に、菟野皇女は皇后として遇された。その影響のもとに、同一〇年二月二五日に草壁皇子は立太子し、皇嗣となった。この時、彼は二〇歳であった。皇太子になったことで、彼は紛れもない天武朝政治の担い手になった。しかし、彼は他の皇子とは異なり、公卿に列せられたのではないことを留意しなくてはならない。

天武天皇八年一〇月一七日条によると、この日新羅が朝貢してきた。この時、「天皇・皇后・太子に、金・銀・刀・旗の類を貢ること、各数あり」と記されている。もちろん、この時点では草壁皇子は立太子されていないので、追記であろうと思われる。しかし、皇太子となった皇子は、このように天皇・皇后と列座する立場になったのである。したがって、高市皇子を筆頭とする公卿たちとは対峙する立場になったのである。

†大津皇子の類まれな資質

次に、大津皇子の動向をみてみよう。彼は朱鳥元年の天武天皇の殯のさなかに、謀反の罪を得て二四歳で短い人生を終える。『懐風藻』に収める彼の所伝は、次のように記している。

皇子は、浄御原帝之長子也、状貌《じょうぼう》は魁梧《かいご》にして、器宇《きう》は峻遠《しゅんえん》なり、幼年にして学を好み、博覧にして能く文を屬《つづ》る、壮に及びて武を愛し、多力にして能く剣を撃つ、性頗る放蕩にして、法度に拘わらず、節を降して士を礼す、是に由りて人多く附託す、時に新羅僧行心有り、天文卜筮《ぼくぜい》を解す、皇子に詔《つ》げて曰く、太子の骨法は是人臣之相にあらず、此れを以て下位に在らば、恐らくは身を全うせずと、因て逆謀を進む、此の詿誤《かいご》に迷いて、遂に不軌を図る、嗚呼惜しむかな、彼の良才を蘊《つつ》む、忠孝を以て身を保たず、此の奸豎《かんじゅ》に近づき、卒に戮辱《りくじょく》を以て身を終わる、古人交遊を慎むの意、因て以て深きかな、時二年二十四

この所伝は、大津皇子を天武天皇の長子とすること、太子とすることなどの点で正確さに欠けるようである。しかし、皇子をそそのかした行心の存在は、持統天皇即位前紀にもみえており、行心は飛驒国に流罪になっている。彼はついに飛驒で生涯を終えたらしく、その子息の隆

観が許されて都に戻されたのは、大宝二年四月八日のことであった。(21)すなわち、この所伝のうち行心が、皇子の資質を絶賛したことについては信憑性があるだろう。

その資質の具体的な様子は、体軀が雄々しく、器量が大きく、博覧で文章に巧みであり、成人してからは、撃剣を能《よ》くしたというのである。少しひいきしすぎかとも思われる。しかし、持統天皇即位前紀に記されたその薨伝《こうでん》にも、その資質をたたえて次のようにある。


皇子大津は、天渟中原瀛真人天皇《あめぬなはらおきまひと》の第三子也、容止墻岸《ようししようがん》、音辞俊朗なり、天命開別天皇の愛でる所たり、長ずるに及んで弁に才学有り、尤も文筆を愛す、詩賦之興りは、大津より始まる也、

謀反の罪で誅されたことを記す記事の中で、謀反人の資質をこのようにたたえているのである。そしてその内容は、文筆に長けていたことなど、『懐風藻』の記述と一致するところが多くみられる。やはり、大津皇子は立派な資質の持ち主であったと判断してよいだろう。

その大津皇子は、他の五人の皇子とともに天武天皇八年の吉野の盟約に参加し、その後天武天皇一二年二月一日に「大津皇子、始めて朝政を聴く」とみえる。これほど優れた資質を兼ね備えた大津皇子が、この時初めて朝政を聴いたのである。ましてや、他の天武朝の皇子たちが、

このように書き扱われた例はないのである。そのため、皇子が朝政を聴くことに、きっと大きな意味があるはずだと考える人もいるだろう。次にこの問題を考えてみたい。

4　大津皇子「朝政を聴く」

†大津皇子の政治的立場とは

大津皇子が朝政を聴いたことの意義については、直木孝次郎氏が、天武朝における菟野皇后・草壁皇太子の体制に、大津皇子を参加させることによって、修正しようとしたのだとされる。[22] 一方、北山茂夫氏は菟野皇后・草壁皇太子の体制に不満を持つ勢力を、彼を政治に参加させることによって緩和しようとしたものとされる。[23]

いずれにしても、それまでの政治路線の変更もしくは修正であるとすることには変わりがない。しかし、草壁皇子立太子から、わずか二年での路線変更など想定できるであろうか。菟野皇女の立后も草壁皇子の立太子も、天武天皇の意志でなされたものと考えるべきであろう。それらを、わずか数年で変更するならば、それは天皇の権威にかかわる問題になるであろう。また、菟野皇后も草壁皇子も廃されてはいないのである。そこに、母系の庇護が全くなくなってしまっている大津皇子を対立する立場に据えることは、天武朝における権力の二重構造を創出することになってしまうだろう。このようなことを、天武天皇が考え、かつ実行したであろうか。私には、甚だ承服いたしかねるのである。

また、第二章において、大津皇子には能動的に謀反を起こす意図がたしかにあったとしたが、謀反関係者の経歴を分析し、結局菟野皇女の策謀に陥れられたと結論づけた。天武天皇崩御直後の不安定な政情の中で、大津皇子は至極簡単に陥れられたのである。朝政を聴いたとされる大津皇子の政治的立場は、これほどにもろいものだったのである。このことから、朝政を聴いた大津皇子の政治的立場は、決して大きなものではなかったとみるべきであろう。

最近では、瀧浪貞子氏が、菟野皇后・草壁皇太子の体制には何ら変更・修正はなかったとしておられる[24]。瀧浪氏は、この年に草壁皇太子に子ども（軽親王）の生まれたことに注目される。草壁皇太子から軽親王の嫡系相承《ちゃくけいそうしょう》を目論んで、大津皇子を臣下に位置づけようとして、臣下最高の位置づけをするために、朝政を聴かせたのだとされる。しかし、天武天皇崩御後に、軽く一蹴されるような立場であった大津皇子が、本当に臣下最高の位置づけをされていたといえるのであろうか。

そこで、大津皇子が朝政を聴いたことの意義を、基礎に立ち返って考え直す必要があるだろう。まず、「聴く」という行為の意味と、その行為の目的語である「朝政」という言葉の意味を正確に理解する必要があるだろう。そうすることによって、自ずから皇子が朝政を聴いたことの意味が明らかになるであろう。

†慣例となった二一歳での政治参加

まず、大宝二年五月二一日条によると、令外の官として大伴安麻呂をはじめとして五人が参議に初めて任命された。その際、「朝政に参議せしむ」と記されている。これに対して、養老職員令大納言条によると、その職掌を、「庶事を参議する」とみえる。参議は大納言等議政官を補佐する立場であるから、職掌として同じであったはずである。すると、朝政とは国政の庶事であったと考えることができるだろう。

それでは大津皇子は、この国政の庶事に対してどのように関与したのであろうか。その関与の仕方が「聴」という行為である。この「聴」という動詞には、「ゆるす」という意味がある。この意味であれば、国政の庶事を決裁したという意味にとることができる。これに対して、文字通り「聴く」という意味がある。この意味であれば、国政の庶事を聴くようになったということであり、国政に参画するようになったことになる。これまでの諸説は、もっぱら前者の意味で考えられていたようである。その根拠は、先にみた通り大津皇子の資質が、極めて優れていたからであろう。それでは、後者の意味を取り、この時大津皇子は国政に参画したに過ぎないと取ることはできないのだろうか。

『続日本紀』養老三年六月一〇日条に、「皇太子、始めて朝政を聴く」とある。この時首皇太子は一九歳だった。これについて、竹内理三氏は、穂積親王の死後に舎人親王が知太政官事に任官するまでの空白期間に、首皇太子が執政者となったのだと理解され、やはり「聴く」という行為を、決裁するという意味で理解しておられる(25)。押部佳周氏も首親王が決裁をするようになったとされる(26)。しかし、律令国家の建前では、決裁を降すことのできる立場の者は天皇以外に存在しないはずである。首皇太子が国政の庶事を決裁するというのであれば、皇太子が摂政であることを意味するはずである。しかし、この時、元正天皇は平城京を留守にはしていなかったし、病気を得ていた形跡もない(27)。このことから、首親王がこの時朝政を聴いたのは、文字通り元正天皇とともに、国政を聴いたという意味以上のものではなかったと思われる。すなわち、養老三年に至って、それまで後宮で養われていた首親王が、天皇とともに国政の庶事を聴くようになったという意味に過ぎないのであろう(28)。

ただ、これ以後の皇太子が朝政を聴いたという事例は全くみられない。先にも述べたように、皇太子は天皇・皇后と列座し、議政官に対峙する立場にあった。したがって、本来は国政に参画すべき存在ではなかったはずである。すなわち、首皇太子が朝政を聴いたことは、文字通り天皇と列座して、国政の庶事を聴くようになったことを示しているものと思われる。「聴」の意味を決裁ではなく、単に聞くという意味で理解するならば、このように理解することは十分に可能であろう。元明天皇の元正天皇への譲位詔の中で、首親王の成長を鶴首《かくしゅ》する様子がうかがえる。そして、養老三年に至って首親王が天皇と列座するようになったことの喜びをを示した記事であるといえるだろう。

以上、みてきたように、大津皇子が朝政を聴いたのは、彼が単に国政に参画したことを意味しているのである。そして、それは後世の参議のような立場で国政に参画したものと思われる。それは、彼がこの年に二一歳に達したことが大きな要因だろう。先に、高市皇子の政治参加が、天武天皇三年のことであって、その年齢が二一歳であったことをみた。大津皇子の政治参加は、天武天皇一二年で、やはり二一歳のこととなる。すなわち、天武天皇は皇子たちを、二一歳になった時点で、自動的に政治に参加させるように考えていたものと思われる(29)。

大津皇子の二一歳での政治参加が以後慣例となり、選叙令叙位条《せんじょりょうじょいじょう》の蔭をもって出身する者の年齢が二一歳以上という規定に反映されたのではないだろうか(30)。そして、持統天皇五年に穂積皇子が、同七年に長皇子と弓削皇子が、同九年に舎人皇子が、文武天皇四年に新田部皇子が、それぞれ浄広二位を授けられ、政治に携わるようになったのである。すなわち、天武朝においては、皇子たちはその能力いかんを問わず、二一歳という一定年齢に達した段階で、自動的に政治参加するようになったのである。

5　本章のまとめ

本章では、天武朝政治の担い手となる立場の人々について考えてきた。天武朝では多くの皇親が、たしかに政治に携わるようになったことを確認した。しかし、それら皇親のほとんどが大夫級の扱いであり、とても天武朝政治の中枢にあったとは考えることができない。一方、ごく一部の皇親と大豪族の代表者が公卿として遇されていたであろうと推測した。ただし、それは大臣としてではなく政治に参議するという令制下の大納言もしくは参議としての資格での参加であったとした。これは、大臣を置くことのなかった天武朝において、それまで発言権を有して高い政治的立場にあった大豪族の代表者たちの発言権を担保するものであり、天武天皇の専制的政治に移行する過程での、過渡的措置であったと思われる。

やがて、天武天皇三年の高市皇子が政治に参加するようになった。次いで、天武天皇一二年には、大津皇子が政治に参加するようになる。以後、天武朝の皇子たちは、一定の年齢に達することによって、政治に携わるようになり、間違いなく天武朝政治の担い手になっていったと思われる。このことは、天智天皇所生の皇子たちについても、同様の扱いであったと思われる。その意味で、天武朝は間違いなく皇親政治の時代であると評することができるだろう。

しかし、その政治参加の形態は、確かに公卿として遇されてはいたものの、大臣のような大きな権限を有するものではなく、令制下の大納言もしくは参議として政治に関与する程度のものだったと思われる。それでは、皇子たちが政治に携わるということは、何を意味しているのであろうか。このことについては、章を改めて詳しく検討したい。

注

(1)『続日本紀』大宝二年五月二一日条によると、大伴安麻呂以下五人を「朝政に参議せしむ」とみえる。また、同書慶雲二年四月一七日条には、大納言四人の定員を二人として、新たに三人の中納言を創設している。その際の中納言の職掌については、「其の職、大納言に近くして、事は機密に関る」としている。
(2) 御史大夫には「御史、蓋し今の大納言か」と割注が付されている。
(3) 宮本さゆり「天武・持統朝に於ける皇親政治について」(『学習院史学』三、一九六六) 参照。
(4) 持統天皇六年二月一九日条に、伊勢に行幸しようとする天皇に諫言した三輪高市麻呂には、「中納言」の肩書がみえる。おそらく浄御原令による官職と思われる。また、中納言とあることから、当然大納言・少納言も制度上存在したと思われる。
(5) 職員令太政官条によると、太政大臣は天皇(一人)を教え導き、すべての人々の模範となり(四海に儀形たり)、国を治め、道を諭し、陰陽を和らげ治めるとある。
(6) 職員令太政官条によると、大納言は「庶事に参議する」こととある。
(7)『日本書紀』(岩波古典文学大系) の当該条の頭注では、「兵政官は大宝・養老令制の兵部省に相当する官司」とある。
(8) 令制では、大舎人は中務省に属し、官人機構の中にあっては、官人の供給源であり、昇進の出発点であった。

本条はその淵源となるものと思われる。

（9）『続日本紀』所載の詔の節略に関しては、和田行弘「『続日本紀』編纂と同書所載宣命」（『古代史の研究』二、一九八〇）に詳しい。

（10）佐藤信「第5講　藤原氏」（『古代史講義【氏族篇】』ちくま新書、二〇二一）において、氏族と律令官人のあり方について、「律令官僚制は、ヤマト王権を構成する畿内有力豪族の氏族を中心としたそれまでの氏族制に代わって、氏よりも天皇に対して官僚個々人が仕える制度であった」と簡潔に表現しておられる。

（11）天武朝の官人考選が、大宝令制とは異なり「族姓」を重んじていることについては、野村忠夫「天武・持統朝の官人法」（『律令官人制の研究』吉川弘文館、一九六五）がすでに指摘している。

（12）『公卿補任』持統天皇御代条には、彼の享年を「四十二、或四十三」とし、『扶桑略記』も彼の享年を「四十三」としているが、本書では便宜上その享年を四三年、白雉五年として行論する。

（13）『続日本紀』聖武天皇即位前紀によると、「和銅七年六月、立ちて皇太子と為る、時に年十四」とあり、逆算すると、聖武天皇の生年は大宝元年となる。

（14）『萬葉集』巻二には、柿本人麻呂の作になる高市皇子の挽歌として壮大な長歌（一九九番）と反歌三首（二〇〇〜二〇二番）がある。長歌では「ま木立つ不破山越えて高麗剣和射見が原の行宮にあもりいまして天の下治め給」と壬申の乱における不破での活躍がたたえられている。

（15）遠山美都男『壬申の乱』（中公新書、一九九六）は、天武天皇が高市皇子を不破へ遣わしたのは、この戦いを大友皇子対高市皇子に置き換えて、自分をより高い位置に位置づけようとしたとされる。しかし、戦闘は大和でも行われており、高市皇子を不破に遣わしたことによって、大友皇子対高市皇子の構図が完成するとは考えられない。

（16）河嶋皇子は、『懐風藻』の所伝によると、享年三五であった。その薨去は持統天皇五年であるから、その誕生は斉明天皇三年となり、天武天皇九年段階で二三歳だったことになる。これは高市皇子が政治にかかわることになった年齢を超えている。

(17) 瀧浪貞子『持統天皇』(中公新書、二〇一九)参照。
(18) 招婿婚のあり方については、福尾猛市郎『家族制度史概説』(吉川弘文館、一九七二)に詳しい。
(19)『日本書紀』天智天皇六年二月二七日条によると、大田皇女が斉明天皇と間人皇女の合葬陵の前の墓に埋葬したことがみえ、大津皇子を生んで数年で他界していたことが分かる。なお、本条については西本昌弘「斉明天皇陵の造営・修造と牽牛子塚古墳」(『古代史の研究』一七、二〇一一)が史料的考察を行っている。
(20) 直木孝次郎『壬申の乱』(塙書房、一九六一)は、大海人皇子の吉野入りの同道者を「草壁・忍壁の両皇子と、草壁を産んだ鸕野讚良皇女(後の持統天皇)とが従っていたようである」としており、彼女だけが同道したとは断定していない。
(21) 関晃「新羅沙門行心」(『続日本紀研究』一-九、一九五二)参照。
(22) 直木孝次郎『持統天皇』(吉川弘文館人物叢書、一九六〇)参照。
(23) 北山茂夫「持統天皇論」(『日本古代政治史の研究』岩波書店、一九五九)参照。
(24) 瀧浪貞子『持統天皇』(前掲注15)参照。
(25) 竹内理三「「知太政官事」考」(『律令制と貴族政権』御茶の水書房、一九五九)参照。
(26) 押部佳周「「皇太子始聴朝政」の意義」(『日本律令成立の研究』塙書房、一九八一)参照。
(27) 首皇太子が朝政を聴いた養老三年六月一〇日の直後の閏七月二二日に土地を授け、地子を輸すべき旨の詔が発せられており、元正天皇の健在であることが確認できる。
(28) 皇太子が始めて朝政を聴いたとする記事の直後、養老三年一〇月一七日条に、舎人・新田部親王に対して首皇太子を助け導くべき旨の詔が発せられている。その中で、元正天皇は、「皇位を継承するのは(首)皇太子である、然れども年齢がなお若く、未だに政道に閑わず」と評している。元正天皇自身が、幼く政治に不慣れだと判断している首皇太子に政治の決裁権を渡すとは到底考えられないだろう。
(29) 近年瀧浪貞子『持統天皇』(前掲注15)が、大津皇子が朝政を聴いたことの意味を、「大津皇子を臣下として最大限に格上げし、その一方、草壁→珂瑠への直系相承を実現するために採った苦肉の策であった」とされる。

直木氏や北山氏のように大きな政治路線の変更がなかったという点では賛成できるが、天武朝の皇子が自動的に政治に関与する仕組みがあったものと思われ、決して「苦肉の策」ではなかったと私は考える。

(30) 選叙令叙位条には、「凡そ位を授けんは、皆年廿五以上を限れ、唯蔭を以て出身せば、皆廿一以上を限れ」とある。高市皇子も大津皇子も二一歳で政治に関与していることから、この授位条の淵源が、すでに天武朝に存在したのではないかと思われる。

第四章でみた通り、天武朝の皇子たちは間違いなく政治に参加し、天武朝後半では政治の担い手となった。ところで、このように皇親が政治に参加するということには、どのような意味があるのであろうか。彼らは、公卿として位置づけられ、臣下とともに政治に参加した。すなわち官僚となったのである。

官僚である以上、臣下や他の皇親たちとの上下関係を明確にしなければならない。そのため、天武朝では皇親を対象とした冠位制が施行された。これによって、皇子たちの政治的立場が明確にされることになる。皇親のうち皇子を対象とした冠位制が初めて施行されたのであるが、それは臣下を対象とした冠位制とどのように対応するのであろうか。そこで、まず天武天皇一四年冠位制を詳しくみてみる必要があるだろう。

また、皇親が政治に参加することによって、皇子たちの居住地にも変化がみられるようになる。それまでの皇子たちは、政治の中枢である宮都から、かなり離れた場所に居住していたと思われる。しかし、政治に携わる以上、政治の中枢にほど近いところに居住しなくてはならないことになっただろう。それは、どのような意味を有しているのであろうか。

さらに、皇親が臣下とともに官僚として政治に携わるということは、その前提として冠位制と職階制による序列化が明確に行われたはずである。皇親政治の本質を明らかにするためには、皇親が政治に参加したという事実だけではなく、これらの序列化によって、皇親がどのように位置づけられたかを明確にしなくてはならないだろう。本章ではこのような問題を検討したい。

1　天武天皇一四年冠位制の概要

†日本固有の倫理観の重視

天武天皇一四年正月二一日、冠位制の改正が行われた。これに先立って、天武天皇一一年三月二八日にそれまでの冠位等の着用が禁じられている。天智天皇三年の冠位制を停止させたのである。すなわち、一四年の冠位制は、三年の準備期間を要したことになるのである。これは一四年冠位制を施行する前提として、第三章で述べたように、皇親冠位制が含まれていたため、皇親の範囲を確定するために八色の姓を制定するなどの事前準備が必要だったのだろう。(1) ともあれ、この冠位制を一覧すると、表1のようになる。

　これによると、初めて制定された皇親冠位は明冠《めいかん》八階・浄冠《じょうかん》八階の都合一六階である。臣下に授けられる冠位は、正冠《せいかん》八階・直冠《ちょくかん》八階・勤冠《きんかん》八階・務冠《むかん》八階・追冠《ついかん》八階・進冠《しんかん》八階で、都合四八階になる。正冠と直冠は、のちに貴族として遇される上級官僚に授けられるものである。皇親と上級官僚に授けられる冠位は、明・浄・正・直という徳目で表されている。

　これらの徳目は、しばしば『続日本紀』に収める宣命体の詔の中にみることができる。慶雲四年四月一五日に藤原不比等に封戸を授ける際、「又朕が卿として、明《あけ》き浄《きよ》き心を以て朕を助け奉り」とある。さらに、神亀元年二月四日の聖武天皇即位の詔の中では、「故親王を始めて王臣汝等、清き明けき正しき直《なお》き心を以て、あななひ扶け奉り」とみえる。漢文体で記された凡条ではなく、日本式の宣命体で書かれた詔に、皇親や公卿に求める徳目として、明・浄(清)・正・直が特筆されているのである。

皇親冠位		臣下冠位	
明冠	大壱 広壱 大弐 広弐 大参 広参 大肆 広肆	正官	大壱 広壱 大弐 広弐 大参 広参 大肆 広肆
浄冠	大壱 広壱 大弐 広弐 大参 広参 大肆 広肆	直冠	大壱 広壱 大弐 広弐 大参 広参 大肆 広肆
		勤冠	大壱 広壱 大弐 広弐 大参 広参 大肆 広肆
		務冠	大壱 広壱 大弐 広弐 大参 広参 大肆 広肆
		追冠	大壱 広壱 大弐 広弐 大参 広参 大肆 広肆
		進冠	大壱 広壱 大弐 広弐 大参 広参 大肆 広肆

表1　天武天皇14年冠位制

これに対して、冠位制の萌芽ともいうべき推古天皇一一年一二月五日制定の冠位一二階では、仁・礼・信・義・智と、それらすべてを兼ね備えた徳を上位に配し、それぞれに大小をつけている。これらの徳目は、五徳あるいは五常の道と呼ばれるもので、明らかに儒教の徳目である。推古朝には遣隋使が派遣された。久々に中原を統一した隋と交渉する際に、当時の東アジアにおいて理解されやすい徳目が、官僚たちに求められたのである(2)。

このように比較してみると、天武朝は日本固有の倫理観が政治上重要視されるようになった時代であったといえるだろう。また、一四年冠位制の中級以下の官僚に求められた徳目は、勤・務・追・進である。勤め、さらに務めれば、追って進むというような、現代の会社の営業マンに求められるような資質のようであり、これもまた極めて日本的であるといえるだろう。

†皇親と臣下の対応関係

ともあれ、この冠位制によって、初めて皇子たちに冠位が授けられるようになった。ここで確認しておかなくてはならないことは、皇子を含む皇親と臣下の公卿たちとの対応関係である。これに関しては天武天皇一四年七月二六日に、一四年冠位を授けられた官僚たちが着用する朝服の色が示されている。新たな冠位制を視覚的に明らかにしようとしたものであろう。それは、次のように示されている。

浄位已上《じょういいじょう》は並びに朱花《はねず》を着せ、朱花、此れを波泥孺《はねず》と云う、正位は深紫、直位は浅紫、勤位は深緑、務位は浅緑、追位は深蒲萄、進位は浅蒲萄、

これをみると、一四年冠位制によって、皇親とくに皇子が臣下と同じように初めて冠位を授けられたが、皇親の着用すべき朝服は朱花の色だったことが分かる。朱花とは、『万葉集』巻一一の二七八六番の和歌に、「はねずいろの赤裳の姿～」と詠まれていることから、赤にかかる枕詞であったと思われる。したがって、赤系統の色彩であったと思われる。前田千寸《ゆきちか》氏は、令制下における皇太子の服の色である「黄丹」と同系統の色だったと推測される(3)。

臣下の最高冠位である正冠が深紫であるのに対して、皇親の朝服は全く別格に扱われているのである。天武天皇一四年に、皇子たちは臣下と同じように冠位を授かるようになった。しかし、あくまでも皇子は臣下とは別格に扱われていたのである。しかし、これは天武天皇が思い描いた皇親のあり方の最終目的だったのだろうか。天武天皇は、この冠位制を定めた翌年に崩御する。殯宮儀礼が終わり、天武天皇の遺骸が葬られて間もなく、皇嗣である草壁皇太子は早世する(4)。そして、菟野皇后がそのあとを継ぐことになる。持統天皇即位前紀によると、天武朝における菟野皇后の役割を、次のように記している。

皇后始より今に至るまで、天皇を佐《たす》け天下を定む、毎《つね》に侍執《つかえまつ》るに輙《すなわ》ち言は政事に及び、毗《たす》け補うこと多し

第三章で述べたように、菟野皇女の立后は天武天皇八年のことであろう。[5] したがって、彼女が天武天皇を「毗け補うこと多」かったのは、それ以後のことであろう。このことから、多少の誇張は認められるであろう。しかし、彼女が天武天皇の路線を継承したと考えることは十分可能であろう。そうだとするならば、この皇親冠位制を、持統天皇はどのように引き継いだのであろうか。彼女の皇親冠位制に対する施策こそが、天武天皇の望んだ皇親のあり方であるといえるだろう。

2　天武天皇一四年皇親冠位の方向性

†持統天皇による大幅な改正

持統天皇四年四月七日、一四年冠位制は冠位の称号をそのままにして、極めて大きな改正が

行われている。持統天皇四年は、三年間の称制を経て、正月に正式に即位した直後のことである。したがって、持統天皇が独自に改正に乗り出したというよりも、先にも述べたように、天武天皇の遺志を継承した改正であったと思われる。[6]『日本書紀』は、そのことを次のように記している。

其の朝服は、浄大壱已下広弐已上は黒紫、浄大参已下広肆已上は赤紫、正八階は赤紫、直八階は緋、勤八階は深緑、務八階は浅緑、追八階は深縹、進八階は浅縹、

一四年冠位制の称号をそのままにして、朝服の色を大幅に改正しているのである。[7]これを対照表にすると、表2のようになる。なお、参考のために、令制の衣服令による朝服の色も示しておきたい。

なお、本表では、天武天皇一四年冠位制における紫の深浅を色の濃淡と考え、深紫を黒紫、浅紫を赤紫とそれぞれ同様の色と判断した。また、蒲萄は紫系統であり、縹は紺系統であり基本的に異なるが、追冠・進冠がともに緑に象徴される勤冠・務冠の下位に位置することから同列に扱った。また、ここでは皇親冠位の最高である明冠の朝服には何ら言及していない。明冠を廃止することも言及されていないので制度上は存在したはずである。ただ、一四年冠位制施

朝服の色		天武天皇14年制	持統天皇4年改正	大宝令制
朱花		明・浄		
深紫（黒紫）		正	浄大壱～浄広弐	一品～四品 諸臣一位・諸王一位
浅紫（赤紫）		直	浄大参～浄広肆 正	諸王二位～五位 諸臣二位・三位
緋	（深緋）		直	四位
	（浅緋）			五位
深緑		勤	勤	六位
浅緑		務	務	七位
深葡萄（深縹）		追	追	八位
浅葡萄（浅縹）		進	進	初位

表2　朝服と冠位・位階の対応
※朝服の色欄の（　）内表記は、持統天皇4年改正の色
※大宝令制の朝服の色は、黒紫が深紫、赤紫が浅紫となるが、他は持統4年改正の朝服の色の表記を引き継いでいる

行時期に、明冠を授けられた人物が全く存在しないことから、言及しなかったものと思われる。

一四年冠位制では、明冠と浄冠は臣下を超越した存在として位置づけられていた。しかし、この改正によって、浄冠のうち壱位と弐位が黒紫となっている。臣下でこの朝服を着用する規定がないことから、皇子はやはり臣下を超越して存在したといえるだろう。一方、浄冠の参位と肆位は、実例をみると諸王に授けられている。この冠位の朝服の色は浅紫になっているが、これは臣下が授けられる最高の冠位である正冠も着用することになったことになる。すなわち、一四年制で臣下を超越

していた諸王は、臣下最高の者たちと同じ扱いになったことになる。

なお、令制では諸王位は黒紫となっており、朝服の面では格上げされたことになる。これは、諸王も天皇予備群であることが意識されたのであろう。とくに、大宝令施行時の天皇は文武天皇であり、彼は天武天皇の孫であることから、厳密にいえば諸王である。このため、彼の立場が考慮されたのではないだろうか。(8)

†正冠と直冠を峻別した意図とは

次に、臣下上位の正冠・直冠の扱いをみてみよう。一四年冠位制の当初では、正冠は深紫で直冠は浅紫であった。持統天皇四年の改正では、正冠は浅紫になり、直冠は新たに緋の朝服を着用することになった。朝服の色の面からみれば、制度的には正冠が格下げになったことになる。しかし、実際の運用面をみると、この改正までは正冠を授けられた臣下は皆無であり、臣下は最高でも直広壱であった。(9) ところが、この改正以後、正冠を授けられる臣下が頻繁にみられるようになる。すなわち、最上級の臣下はやはり同じ浅紫（赤紫）の朝服を着用しており、実際の扱いに変化はなかったことになる。

一四年冠位制当初では、直冠は正冠と同じく浅紫の朝服であったが、この改正によって新たに緋の朝服を着用することになった。緋の朝服は大化三年の七色一三冠位制において、紫冠の直下の錦冠が着用する真緋の朝服と同じであろう。(10) ともあれ、直冠も浅紫から緋の朝服へと格下げされたことになる。

ところで、緋の朝服を復活させてまで、正冠と直冠をこのように峻別することの意味は何であろうか。一四年冠位制当初では、正冠を授けられる臣下は皆無であった。それに対して、直冠を授けられる臣下はかなり多数に及んでいた。すなわち、上級の臣下はすべてが浅紫の朝服を着用していたのである。しかし、この改正によって、正冠は赤紫、直冠は緋の朝服と峻別することにより、公卿層と大夫層とを峻別する意図があったものと思われる。

皇子だけが黒紫の朝服を着用し、臣下を超越した存在ではあった。しかし、それまで朱花という令制下の皇太子を連想させる特殊な色であったが、それまで臣下最高位の者が着用する朝服と同じ紫系統の朝服になっているのである。おそらく、皇子は天皇予備群であるため、あくまでも臣下を超越した位置づけをする必要があったのだろう。そして、皇親のうち、諸王は臣下最高位の者と扱いが同じになったのである。相対的にみて、皇親の扱いを臣下に近づけたとみることができるだろう。

天武朝初年には、皇親の一部である諸王を諸王位によって序列化することに成功した。そして、天武天皇一四年冠位制によって、皇親冠位制を整備して、皇子までもをその序列に入れることに成功したのである。さらに、持統天皇四年の改正によって、皇親の位置づけを相対的に臣下の位置づけに近づけたのである。それまで、天皇の親族であるという特権をもって、臣下に超然して存在していた皇親を、冠位制の中に序列化することが目的であったといえるだろう。言い換えれば、皇親を冠位制の中に封じ込めたのである。

すなわち、天武天皇が目指し、持統天皇が引き継いだ皇親政策とは、皇親を天皇の親族として、特別扱いするものでは決してなかったのである。それは、皇親を冠位制度の中に整然と序列化するものだったのである。そして、大宝令制では親王・諸王一位及び諸臣一位がともに深紫の朝服を着用するようになる。諸臣一位の叙位者は希有ではあるが、皇親と臣下最上級の扱いが等しくなったのである。すなわち、持統天皇四年の改正は、十四年冠位制を大宝令制に近づけるものであったことが、表2をみれば、一目瞭然であるといえるであろう。換言するならば、天武天皇は、一四年冠位制によって、皇親を序列化することに成功し、その後の律令位階制度によって序列化される皇親のあり方を目指していたといえるであろう。

3　皇子たちの居住地

†皇親はいつから宮都に居住するようになったのか

『日本書紀』朱鳥元年七月一五日条によると、落雷による天災に遇って民部省の舎屋が焼失した。ところが、続けて「或は曰く、忍壁皇子の宮の失火、民部省に延焼す」とも記されている。この火災が、落雷による天災なのか、それとも忍壁皇子の宮からの失火による人災なのかは判断できない。ただ、忍壁皇子の宮、すなわち居住地は、浄御原宮の付属物と思われる民部省の舎屋に近接していたことが分かる。

ちなみに、『続日本紀』天平宝字七年五月六日条の鑑真和尚《がんじんかしよう》没伝によると、(11)右京五条二坊に今も位置する唐招提寺は、かつての新田部親王の宅地であったと記されている。彼は、平城遷都後に平城京内に居住地を構えていたことが分かる。第三章でみたように、彼は天武天皇九年ころの生まれであるから、藤原京時代には経済的独立を果たして、京内に居住していたものと思われる。そして、平城遷都後も京内に邸宅を構えたのであろう。

天武朝の皇子たちが、その後政治の担い手になるのであれば、政治の中枢に近い京中に居住地を構えることは至極当然のことであると思われる。事実、神亀年間に政権の中枢にあった長屋王も平城京内に居を構えたことが、平城京内出土の木簡から推測されている。(12) また、壬申の乱時に一九歳で経済的に独立していたと思われる高市皇子も、大津京で生活していたことを先に推測した。しかし、皇親が京内に居住地を構えることは、それほどに自明のことなのであろうか。

斉明天皇四年に有間皇子の謀反が発覚した。(13)『日本書紀』同年一一月五日条によると、「赤兄、物部朴井連鮪《もののべのえのいのむらじしび》を遣わして、宮造る丁を率いて、有間皇子を市経《いちぶ》の家に囲《かこ》む」とみえる。有間皇子の家の所在地である「市経」は、現在の生駒市一分であると思われる。(14) 有間皇子は、斉明天皇の宮都である飛鳥板蓋宮《いたぶきのみや》から、はるか離れた生駒郡に住んでいたのである。

もちろん、有間皇子の居住地は宮都の近くにあり、謀反のための軍事動員の都合で、一時的に生駒郡にいたとも考えられる。そこで、より古い皇親たちの居住地に関する例をみることにしよう。仁徳天皇即位前紀によると、応神天皇崩御後、皇嗣の菟道稚郎子《うじのわきいらつこ》とのちに仁徳天皇となる大鷦鷯尊《おおさざぎのみこと》が皇位を譲り合っている。海人が鮮魚を献上しようとしたが、二人がともに天皇ではないと主張して、受け取らなかった。そのため、海人は菟道稚郎子の住む山背国宇治宮(15)と大鷦鷯尊の住んでいる摂津国難波とを往還して、遂に鮮魚を腐らせてしまったという逸話を記している。多分に説話的な内容であるが、皇親がそれぞれ隔絶したところに居住していたことを前提としている。ちなみに、応神天皇の宮処は、『古事記』によると「軽嶋《かるしま》の明宮《あかりのみや》」である。これは大和国高市郡の軽であると思われる。(16) このことから、古くは皇親が政治の中枢の宮都から、かなり離れて居住することが一般的であったと思われる。

宮都近くに居住する意味

有間皇子が生駒郡に居住していたことも、この例であると考えてよいだろう。しかし、高市皇子の例からみて、斉明朝を経た天智朝には、皇親が宮都に住むようになったものと思われる。おそらく、近江大津京遷都を契機に、天智天皇と大海人皇子の共治体制から編み出されたのではないだろうか。それでは、それまで宮都から離れたところに居住していた皇親が、宮都に近接したところに居住することに、どのような意味があるのだろうか。

『日本書紀』大化二年三月二〇日条には、孝徳天皇と中大兄皇太子のやり取りが、次のように記されている。

壬午、皇太子使を使わして奏請して曰く、昔在天皇等の世に天下を混斉して治む、今に及《お》遠《よ》びて分かれ離れて業を失う、天皇我が皇、萬民を牧《やしな》うべき運に属《あた》りて、天も人も合応えて、厥《そ》政《まつりごと》惟《こ》れ新なり、是が故に之を慶び之を尊ぶ、頂戴して伏して奏す、現為明神御八嶋国《あきつみかみとやしまぐにしらす》天皇、臣に問いて曰く、其れ群臣連及び伴造国造所有、昔在の天皇の置く所の子《こ》代《しろ》入部《いるべ》、皇子等の私有する御名入部、皇祖《こうそ》大兄《おおえ》御《み》名入部《なにいるべ》、彦人大兄《ひこひとおおえ》を謂う也、及び其の屯倉、猶古代の如くにして置くや不やと、臣恭しく詔する所を承りて奉答して曰く、天に雙日《そうじつ》無く、国に二王無し、是が故に天下を兼ね併せて萬民を使うべきは唯天皇のみ、別して入部及び封する所の民を以て、仕丁に簡《えら》び充てるは、前の処分に従う、自余以外は、私に駈使《くし》するを恐れる、故に入部五百廿四口・屯倉《みやけ》一百八十一所を献ず、

このやり取りは、この日以前に天皇が皇太子に質問したことから始まっている。その質問の内容は、本条から推測すると、次の三点に要約される。

①臣下が所有する私有地をこのままにしておいてよいのか。
②昔の天皇が皇親に与えた子代・名代をこのままにしておいてよいのか。
③皇祖大兄御名入部をこのままにしておいてよいのか。

これは、この年正月に発せられた大化改新詔の第一詔で謳われた公地公民制の実施にかかる問題を述べているといえるだろう。なお、③の皇祖大兄御名入部とは、注記が付されているよ

うに、中大兄皇子の祖父である彦人大兄皇子のことであり、皇太子は祖父からの私有地を伝領して生活していたのである[17]。その私有地は膨大なものだったと思われる[18]。

この天皇の質問に対し、この国の主は天皇以外には存在しないという理由で、皇太子は入部と屯倉をすべて献上したのである。皇太子の奉答には入部とのみ記されているが、天皇の質問内容を勘案すると、これが皇祖大兄御名入部であることは間違いないだろう。すなわち、皇太子は公地公民制を実施するにあたって、率先垂範の例を示して、自分の所有する、そして祖父から伝領してきた膨大な私有地を天皇にすべて献上したのである。

†私有地に代わる経済基盤を求めて

これによれば、それまで臣下も皇親も、私有地を経済基盤として生活していたことが分かる。そして、大化改新後、皇太子が率先垂範して自らの私有地を献上したのである。また、このことから、皇親も臣下も十分な経済基盤となる私有地を所有し、その経済圏の中で生活していたことが分かる。そのため、皇親たちはそれぞれの経済圏に囲まれて生活していたのであるから、皇親たちは政治中枢の宮都から遠く離れた場所に、それぞれ居住していたのである。逆説的にいえば、皇親たちが政治中枢の近くに居住するということは、それまでの私有してきた経済基盤を奪われたことを意味するのである。

経済基盤を奪われた皇親や貴族たちは、以後どのように生活することになるのであろうか。それは、律令官僚たちの生活をみれば、容易に想像がつくだろう。律令官僚は、位階を授けられ、官職を与えられる。その位階には位禄《いろく》が伴い、また官職には季禄《きろく》が伴うのである。官僚たちは、これらを生活の資としていたのである。ところが、天武朝の皇子たちは、官職を得る前に元服して経済的には独立を果たしていたのである。それゆえ位禄も季禄もまだ得ることができなかったのである。皇子たちの経済的な補償こそが、彼らに与えられた食封なのである。

食封とは、そこから生じる税金が封主の自由になるという制度である。臣下たちも私有地を剝奪される代替措置として、それに見合う食封を得て生活の資にしたものと思われる。(19) もちろん、食封は封主にとってみれば、それまでの私有地と同じく、そこからの収入については、自分の自由になるものであった。それまで、私有地の処分は、それぞれの持ち主が自由に行うことができた。それまでの私有地は先祖から伝領したものであり、全くの私有物であった。それゆえ、自分の意志で子孫に伝領させることもできた。それに対して、食封は天皇から個人に対して授けられたものである。したがって、それは天皇によって剝奪されることもできたし、封主がその食封を子孫に伝領することはできないのである。すなわち、封主に食封の処分権は与えられていないのである。

†冠位制と食封制度の関連性

このことは、『続日本紀』慶雲四年四月一五日条からも知ることができる。この日、藤原不比等は、食封五千戸を授けられようとしたが、辞退したため改めて二千戸を授けられている。その際、そのうちの一千戸については、とくに子孫に伝えることができることになっていた。これは不比等の功績による特例措置である。もしも、食封が封主によって自由に子孫に伝領されることが可能なものであれば、二千戸がそのまま伝領されたであろう。わざわざ二千戸のうち一千戸に限って子孫に伝領できると明記しているのである。このことからも、本来食封は子孫に伝えられるべき性格のものではなかったことを示しているのである。私有地を剝奪され、食封を支給された臣下や皇親は、生活に不自由を感じることはなかっただろう。しかし、経済的には完全に天皇の支配下に置かれることになるのである。

先に、一四年冠位制施行に先立つ天武天皇一一年三月二八日に、天智天皇三年冠位制を停止していたことを確認した。その際同時にそれまで支給されていた食封をも停止させているのである。(20) 冠位を授けて官僚として序列する際には、自動的に私有地が剝奪され、それに見合う食封が支給されていたのである。旧制度の冠位制を停止するということは、自動的にその冠位制に基づく食封も停止されたことが明瞭に分かるのである。冠位制度と食封制度の関連性は、このことからも容易に理解できるであろう。

大化二年に、皇太子は伝領してきた私有地を率先して天皇に献上した。それはあたかも、明治維新期に薩長土肥四藩が率先して版籍奉還したことに似ているだろう。その後他藩は四藩に倣って次々と版籍奉還を行った。しかし、皇太子の行った私有地である皇祖大兄御名入部の献上は、それほど急速に臣下や他の皇親には広がらなかったようである。

なぜならば、斉明天皇四年の段階で、有間皇子は京中ではなく、自分の私有地と思われる生駒郡に居住していたからである。高市皇子が大津京に住んでいたと思われることから、天智朝の末年には、かなりの私有地の献上がなされたと思われる。それは、天智天皇と皇太子大海人皇子との共治体制の産物だったと思われる。そして、天武朝以後になると忍壁皇子や新田部皇子らが宮都に居住している例からみて、天武・持統朝には私有地の献上がほぼ完了したものと推測される。天武朝以後、食封や封戸の支給にかかわる記事が非常に多くなることから、このように推測できるのである。

4　皇親序列化と天皇権力

†反逆者たる皇親を匿う豪族

雄略天皇即位前紀によると、その即位劇はやや尋常を欠くほどの惨劇が演じられた。安康《あんこう》天皇が、その三年八月に眉輪《まよわ》王に暗殺された。雄略天皇は眉輪王を攻めたが、王は雄略天皇の同母兄である坂合《さかい》黒彦《くろひこ》皇子と語らって、葛城円大臣《つぶらのおおみ》の下に赴き匿《かくま》われることになる。当然、雄略天皇は円大臣に使を遣わして、引き渡しを要求した。この要求に対して、円大臣は、「蓋《けだ》し聞く、人臣、事有りて逃れて王室に入る、未だ君王の臣が舎に隠れるを視ず」と答えている。すなわち、臣下が皇親を頼ることがあっても、皇親が臣下を頼る例は今までにないというのである。円大臣にしてみれば、そこまで頼られれば一肌脱がぬわけにはいかないといいたかったのであろう。[21]

このことは、『古事記』にもみえて、「往古より今の時に至るまで、臣連の王宮に隠れるを聞けど、王子が臣之家に隠れるを聞かす」と、ほぼ同じ内容のことを記している。用明天皇元年五月条によると、穴穂《あなほ》部《べ》皇子と物部守屋《もののべのもりや》に三《み》輪君逆《わのきみさかし》が攻められた時、逆はその難を逃れるため、炊屋姫皇后《かしきやひめ》（のちの推古天皇）の下に隠れていたことがある。この例から、円大臣の主張は、なるほどとうなずかされる点もある。

しかし、安康即位前紀によると、安康天皇は本来の皇嗣である木梨軽皇子《きなしかる》を殺害して即位しているのであるが、その際に木梨軽皇子は物部大前宿禰《もののべのおおまえのすくね》の家に隠れているのである。また、雄略天皇の即位劇の際には、市辺押磐皇子《いちのへおしわ》の実弟で雄略天皇とは従兄弟に当たる御馬皇子《みま》を攻め殺しているが、その際の御馬皇子の行動が、「曾てより三輪君身狭《むさ》と善しきを以て、慮《おも》いを遣わさんと思欲し、往かんとす」と記されている。やはり彼も臣下の家に隠れようとしていたのである。

このような例をみると、円大臣の開陳した内容は、用明天皇の頃には当てはまるが、五世紀の雄略天皇前後の時代には、むしろ当てはまらないといえるであろう。すなわち、五世紀の皇親は、豪族に庇護される立場にあったが、六・七世紀の皇親は豪族を庇護する立場にあったのである。では、五世紀の豪族たちは、なにゆえ危険を冒してまで反逆者を匿おうとしたのであろうか。

†皇親と豪族のパワーバランスの逆転

私たちが古代史を語る時、当然のことながら記紀を参照する。しかし、その記紀は天皇家による国土支配の正当性を語るために記された史料である。したがって、歴代の天皇は絶対的正義として語られている。当然のことながら、その天皇に抵抗した存在は、反逆者として記されることになる。しかし、即位した天皇も、それに抵抗した皇親も、その天皇が即位するまでは、平等な皇位継承候補者だったはずである。

　大王家の王権世襲制が確立すると、大豪族たちはもはや大王権を奪取することができなくなる。(22) そのような豪族にとってできることは、次期天皇の下で少しでも優位に立てるように努力することであっただろう。そのためには、次期天皇になる可能性のある皇親を、自分の膝下に庇護し、その皇親を次期天皇に仕立て上げることであった。物部氏も葛城氏も、そして三輪氏も、そのために木梨軽皇子・眉輪王・御馬皇子を、自らの氏族の命運をかけてまでも援助したのである。そして、それら皇親は、大豪族の庇護があってこそ、即位を望むことができたのである。

　しかし、天皇権力が強大化することによって、皇親の権力も当然のことながら強大化することになる。それに伴って、皇親に与えられる子代・名代も増大することになる。本来允恭《いんぎょう》天皇の大后である忍坂大中姫《おしさかおおなかつひめ》のために設定された押坂部《おしさかべ》が代々伝領《でんりょう》され、(23) 敏達朝に押坂大兄《おしさかおおえ》皇子の私有地となった。その押坂部が、先にみたように皇祖大兄御名入部と呼ばれるほどに膨大な私有地になったのは、まさしく押坂大兄皇子の時代、すなわち六世紀後半のことであっただろう。

このように、皇親の経済力が強大化することによって、かつて大豪族に庇護されて皇位を目指した皇親は、自らの下に豪族たちを組織することになるのである。すなわち、皇親と豪族のパワーバランスが逆転することになるのである。崇峻天皇即位前紀にみえる物部氏の滅亡は、蘇我氏対物部氏の対立構図として理解されている。しかし、穴穂部皇子が物部氏を率い、崇峻《すしゅん》天皇が蘇我氏を率いただけでなく、紀氏・巨勢氏・膳《かしわで》氏・葛木《かつらぎ》氏などをも率いているのである。かつて、豪族に庇護されて、かろうじて皇位を望むことができた皇親が、六・七世紀になると豪族を率いて雄々しく皇位を目指す皇親へと、その姿を大きく変貌させているのである。

†天皇予備群としての皇親

『日本書紀』皇極天皇二年一一月一日条によると、蘇我入鹿らに攻められた山背大兄王《やましろおおえ》は、斑鳩宮を脱出して生駒山中に避難した。そのときつき従った三輪文屋君《みわのふんやのきみ》は、王に対して次のように進言している。

請うらくは、深草屯倉に移り向かいて、茲《ここ》より馬に乗りて東国に詣《ゆ》きて、乳部《みぶ》を以て本として師を興して戦わば、其の勝つこと必ずや、三輪文屋君は、山背大兄王に対して、深草経由で東国に入り、壬生《みぶ》（乳部）の兵を起こして戦えば、必ず勝てると進言しているのである。その進言を聞いた山背大兄王は、進言に従えば必ず勝てるだろうといいながらも、人民を煩わせることを憚り、その進言を拒否したのである。深草屯倉も東国の壬生も、聖徳太子から伝領した私有地であろう。すなわち、山背大兄王は蘇我氏が組織した軍勢に対して、十分ではなかったかもしれないが、対抗できるほどの軍事力を潜在的に保有していたのである。

このように、皇親は強大な経済力だけでなく、軍事力をも保有していたのである。事実、第一章でみたように、天武天皇は壬申の乱において、東国に入り、私的紐帯で結ばれた湯沐令に兵を起こさせ、乱に勝利しているのである。もちろん、湯沐令は律令的官司であるが、横田健一氏が述べられたように、大化前代の子代・名代の系譜をひく私的な要素を包含していたと思われる(24)。皇親は、たしかに将来の天皇予備群である。しかし、天皇権力の強大化に伴い、間違いなく天皇の地位をも脅かす存在になってしまっていたのである。天武天皇にしてみれば、皇親を強大なままで放置しておけば、第二の自分が出現することは、自らの経験から十分に予想できたであろう。

天武朝の皇親は、無視することのできない存在であり、皇親政治はそれら皇親からの要求によって、要職に任じたものとする説もある。(25) しかし、これまで述べてきたように、天武朝の皇親は、私有地を剝奪され、あたかもサラリーマンのように、天皇から支給された食封で生活をさせられ、冠位によって序列化を明確にされた存在となったのである。(26) 皇親序列化の意義は、まさしく皇親を天皇予備群と認めながらも、天皇の下に整然と従えることであったといえるだろう。

5 皇親政治の終焉

†冠位による皇親の序列化

天皇権力の強大化に伴い、臣下を超越して存在していた皇親は、天皇の地位をも脅かす存在になっていた。(27) これら皇親を、天皇の下に整然と序列化し、官僚として位置づけることは、壬申乱によって皇位を簒奪して即位した天武天皇にとっては、焦眉の課題であった。そのためには、冠位によって官僚としての位置づけを明確にする必要があった。そして、官僚として職務に携わらせる必要があった。

天武朝初年には、諸王位が創設され、皇親のうち諸王位を冠位によって序列化させたのである。そして、天武朝末年には皇親冠位制を設けることによって、天武朝の皇子たちを序列化させたのである。さらに、この皇親冠位制度は、天武天皇の意を戴した持統天皇によって、大幅に改正され、一四年冠位制においては臣下を超越していた皇親冠位が、臣下の序列へと近づけられ、やがて大宝令制の位階制へとつながっていくのである。

冠位を授けられた皇親たちは、その冠位に見合った職責を課せられることになる。祖先から伝領してきた子代・名代という私有財産を剝奪された皇親たちは、冠位と職を得て朝廷に官僚として位置づけられるようになったのである。官僚として、その職責を果たすことによって、相応の職封にありつけるのである。自らの経済的生活を安定させるためには、官僚として、朝廷に出身する以外にすべがなくなったのである。

その結果として、天武朝・持統朝には、多くの皇親が官僚として、華々しく諸史料にみられるようになるのである。それはあたかも、官僚となった皇親たちによる政治、すなわち皇親政治と呼ぶにふさわしい状況なのかもしれない。しかし、実態は皇親を官僚化し、天皇の下に序列化するための過程で生じた一時的な現象だったのである。

以上述べてきたように、本来皇親政治とは、皇親を官僚として位置づけるための方便によって生じた現象であるといえるだろう。言い換えれば、皇親を天皇予備群としての資格を保持しながらも、臣下化するための政策だったといえるだろう。

皇親は、このようにして臣下として位置づけられることになったのである。しかし、その一方で、間違いなく皇親は天皇予備群でもあった。いかに臣下として位置づけられようとも、豪族出身の臣下たちは、皇位を望むことは決してできない。皇親冠位制度の下で、臣下としての位置づけをされようとも、彼らは皇位を望むに足りる存在だったのである。

皇位継承者が枯渇するような場合は、皇親の中から、皇位継承者が選ばれることになる。しかし、その一方で、天皇が望む皇位継承者の格好の対抗馬にもなりえたのである。天皇が望む皇位継承者の対抗馬となる皇親は、何らかの形で排除されなくてはならないことになる。私は、それこそが奈良時代初期に断続的にみられる知《ぢ》太政官事《だじょうかんじ》であると考えている。

知太政官事とは何か

知太政官事については、太政官の首班であるとか、皇族太政大臣制であるという説が、長らく定説としてみられてきた。[28] しかし、近年虎尾《とらお》達哉《たつや》氏が、太政官に関係する皇族参議制のようなものであったと提起された。[29]『続日本紀』にみえる政治動向を観察すれば、虎尾説が正鵠《せいこく》を射ているのではないかと思われる。しかし、それでは、なにゆえに皇族が参議として太政官政治に参与する必要があったのだろうか。知太政官事任官者の共通点を分析することによって、その回答が得られるのではないかと思う。知太政官事の任官者は、忍壁親王・穂積親王・舎人親王・鈴鹿王の四人であり、その任官期間は次の通りである。

忍壁親王＝大宝三年正月二〇日〜慶雲二年五月七日薨去
穂積親王＝慶雲二年九月五日〜和銅八年七月二七日薨去
舎人親王＝養老四年八月四日〜天平七年一一月一四日薨去
鈴鹿王＝天平九年八月二八日〜天平一七年九月四日薨去

忍壁親王・穂積親王の場合は、ともに「太政官の事を知らしむる」と表現されている。これは、職能を言い表しているに過ぎない。しかし、舎人親王と鈴鹿王の場合は、「知太政官事と為す」と表記されており、明らかに官職とみなされていたことが分かる。すなわち、当初は「太政官を知事する」という職能であったが、養老年間以後官職名として認識されたことが分かる。ただし、ともに職能は太政官を知事するものであり、変化はなかったと思われる。

当初、官職ではなく職能を表す言葉であったことから、忍壁親王と穂積親王は、その薨伝には、彼らが知太政官事であったことは記されていない。しかし、舎人親王と鈴鹿王の頃には、すでに官職と認識されていたため、その薨伝には知太政官事の職にあった旨が明記されている。このことから、忍壁親王・穂積親王は、ともに太政官を知事するという職能を終身になっていたものと考えてよいだろう。

ただ、忍壁親王が太政官を知事するようになった大宝三年は、すでに大宝令が施行されており、太政大臣の職は令によって定められていた。しかし、彼を太政大臣に任じるのではなく、太政官を知事するという職能だけを負わされていたのである。太政大臣は、「天皇に師範する」という非常に大きな権限を有していることから、有力な皇親をその職に任命することが憚られたのであろう。

†皇位を諦めさせる手段として

太政官を知事するという職能を負わされた四人をみると、すべてが皇親である。しかも、第三章でみたように、その生年は忍壁親王・穂積親王・舎人親王の順で、常に皇親中の最年長者であることが分かる。舎人親王の薨去によって、天武天皇の子の世代は終了し、孫の世代が活躍する時代になる。鈴鹿王の生年は不明であるが、天武天皇の第一子である高市皇子の第二子であることから、天平年間における皇親中の最年長であったとみることができるだろう。(30)

天武天皇以後の皇位継承は、天武天皇の意を戴した持統天皇によって、草壁皇子→文武天皇→聖武天皇という、天武天皇皇統による直系相承が見込まれていた。それに対して、律令制度導入以前の我が国における慣習としての皇位継承は、兄弟相承であった。(31)すなわち、皇親の長老たちは、天武天皇皇統による直系相承を実現するためには、もっとも脅威となる存在だったのである。

そのような皇親の長老たちを、「天皇に師範する」という大きな権限を与えることなく、太政官を知事する、すなわち太政官政治に参議するという職能を与えて、太政官政治にかかわらせることによって、皇位を諦めさせる手段になったのが、まさしく知太政官事であったといえるだろう。

光仁《こうにん》天皇に至るまでの歴代天皇は、龍泉の時代にいかなる政治的な官職に携わることはなかった。もし、官職についたならば、その上下関係が即位後に影響することを予見できたからであろう。皇親の臣下化が完了した時点で、天皇が望む皇位継承予定者の対抗馬を、太政官に参議させることは、まさしく皇位をあきらめさせる手立てであったといえるだろう。

皇親たちは、天皇予備群という立場を維持したうえで、臣下化が図られたのである。それゆえ、臣下化が完了した段階で、皇親たちは豪族出身の臣下の中に埋もれてしまうことになる。すなわち、皇親の臣下化が完了するとともに、皇親政治は終焉を迎えることになるのである。

また、天皇予備群である皇親の立場にある皇位継承候補者に対しては、知太政官事という政治的権威を与えることによって、皇位への望みを断念させたのである。さらに、孝謙《こうけん》天皇（称徳《しょうとく》天皇）の崩御によって、草壁皇子直系子孫による皇位継承は終了し、それを維持するための知太政官事を任命する必要がなくなり、以後知太政官事はみえなくなってしまうのである。

天武天皇の即位とともに、皇親政治は始まった。それは、天武天皇直系の子孫による皇位継承を行うために、皇親たちを天皇の下に序列化し、臣下化することが本質であった。しかし、孝謙・称徳天皇の即位をもって、そのような皇位継承は終了してしまったのである。皇親の臣下化が完了した時点で、皇親たちは臣下の中に埋没し、皇親政治は終焉を迎えたのである。知太政官事は、そのような皇親政治の最後の姿であったといえるだろう。

6　本章のまとめ

本章では、皇親が冠位によって序列化されることの意味を考えた。まず、天武天皇一四年冠位制の詳細を概観した。それは、臣下に対して皇親が超越した存在として位置づけられていた。しかし、持統天皇四年の朝服の改正状況をみると、皇親の立場は臣下へと近づいたことが分かった。また、それは令制の皇親と臣下のあり方と通底するものであったことが分かる。すなわち、皇親は天皇予備群という立場を残しながらも、天皇の下に序列化されたのである。

次に、皇親たちの居住地の問題を考えた。斉明朝頃までは、皇親は伝領した私有地に囲まれて生活していた。それゆえ、政治の中枢からは隔絶した遠方に居住していた。しかし、天智朝ころから皇親たちだけではなく臣下も、政治の中枢である宮都に居住するようになった。これは、私有地を剝奪されたことによって、天皇から支給される封戸などを生活の資とするようになったことを表している。そして、封戸等を支給されるためには、天皇の政府に官僚として出仕する必要があったことを表しているのである。すなわち、冠位によって序列化された皇親は、官僚として生きることになったのである。

以上の考察に基づき、天武天皇は、皇親を冠位によって序列化し、官僚として出仕させ、天皇の下に従えようとしたことを明らかにした。そのため、天武朝には多くの皇親が政治に携わるようになった。それは従来皇親政治と呼ばれていた。しかし、その実態は皇親の臣下化を推進したために生じた一時的な現象に過ぎないものであったと思われる。皇親の臣下化が完了すれば、皇親たちは天皇予備群としての立場を残しつつも、臣下の中に埋もれてしまうことになるのである。これが、皇親政治の終焉であり、知太政官事が鈴鹿王をもって終了してしまうことは、皇親政治の終焉を象徴するものであるといえるだろう。

注

（1）拙稿「天武朝の対皇親政策」（『古代天皇制史論』創元社、一九八八）参照。

（2）冠位一二階については、黛弘道「冠位十二階考」（『律令国家成立史の研究』吉川弘文館、一九八二）に詳しい。

(3)前田千寸『日本色彩文化史』(岩波書店、一九八三)参照。
(4)天武天皇の遺骸が大内陵に葬られるのは、持統天皇二年一一月五日のことで、皇太子草壁皇子が薨去するのは、持統天皇三年四月一三日のことである。
(5)拙稿「鸕野皇女と吉野の盟約」(『古代天皇制史論』前掲注1)参照。
(6)実際に、『続日本紀大宝元年八月三日条によると、浄御原令を「浄御原朝廷」のものであると表現している。
(7)本条は、浄御原令の規定であると思われる。
(8)草壁皇子への天皇号追贈は、天平宝字二年八月九日の淳仁天皇の勅によっている。しかし、これは、草壁皇子の曾孫に当たる孝謙太上天皇の意を戴したものであろう。
(9)持統天皇四年の改正以前においては、持統天皇三年閏八月二七日条に直広壱が授けられた丹比真人嶋がただ一人である。
(10)大化三年是歳条に七色一三階の冠位を定めた際、大錦冠・小錦冠については、「服の色は並びに真緋を用いよ」とある。
(11)同日条の鑑真和尚没伝には、「又新田部親王の旧宅を施して戒院と為す、今の招提寺是也」とみえる。
(12)奈良国立文化財研究所編『平城京長屋王邸宅と木簡』(吉川弘文館、一九九〇)による。これに対して、大山誠一「所謂「長屋王家木簡」の再検討」(『木簡研究』十一号、一九八九)は、その出土地である奈良市二条大路南の地は、長屋王の伴侶である吉備内親王の宅地ではないかとされる。いずれにしても、長屋王の邸宅は平城京内にあったものと考えて差し支えないだろう。
(13)拙稿「有間皇子事件の再検討」(『古代熊野の史的研究』塙書房、二〇〇四)参照。
(14)岩波本『日本書紀』(古典文学大系)の頭注によると、「奈良県生駒郡生駒町の一分《いちぶ》という」とある。
(15)『山州名所志』はこの「菟道宮」を、現在の宇治市の宇治神社に比定する。
(16)応神記によると「軽嶋の明の宮に坐して、天下を治める」とあり、岩波本『古事記』(古典文学大系)の頭注には、「軽島は大和国高市郡の軽」とみえる。

(17)「皇祖大兄御名入部」については、薗田香融「皇祖大兄御名入部について」(『日本古代財政史の研究』塙書房、一九八一)に詳しい

(18)「入部五百廿四口」については、横田健一「壬申の乱前における大海人皇子の勢力について」(『白鳳天平の世界』創元社、一九七三)が、これを入部から送られてきた仕丁の人数と理解しておられる。これによるならば、令制前の三〇戸一里から一人の仕丁が送られてくると考えることができ、その総数は一五七二〇戸となり、令制の郷に換算すれば、約三一四郷に相当する膨大な数量となる。

(19)天武紀五年八月二日条によると、「親王以下、小錦以上の大夫、及び皇女・姫王・内命婦等に食封を給うこと、各差有り」とある。この「親王以下」の中には、年齢的にみて元服を終えた高市皇子が含まれていたものと思われる。

(20)同条によると、「是の日詔して、親王以下諸王に至るまで、給われる食封を皆止めよ、更に公に返せと曰く」とみえる。

(21)雄略天皇の即位に関する経緯は、拙稿「大化前代の皇位継承について」(『古代天皇制史論』前掲注1)参照。

(22)我が国における世襲王権の成立については、義江明子『女帝の古代王権史』(ちくま新書、二〇二一)が継体朝以後と考えられているようである。しかし、雄略天皇の即位過程をみると、有力豪族が皇親を支えることに腐心している様子から、すでに世襲王権が成立していたものと考える。ただし、本文で述べたように、皇親の立場は、五世紀と六・七世紀では基本的に違っていたことは間違いないだろう。

(23)『日本書紀』允恭天皇二年二月一四日条には、「忍坂大中姫を立てて皇后と為す、是の日皇后の為に刑部を定める」とみえる。

(24)横田健一「壬申の乱前における大海人皇子の勢力について」(『日本古代の政治と文学』青木書店、一九五三)参照。

(25)角田文衛「天皇権力と皇親勢力」(『律令国家の展開』塙書房、一九六五)参照。ただ、天武朝は令制への過渡期であり、その意味で天武朝の皇親は、令制下ほどその地位は低くなかったとみることはできる。

(26) 倉本一宏「皇親冠位の変遷について」（『続日本紀研究』二四九、一九八七）も、皇親冠位の創設は、皇親の地位を低下せしめたと論じている。
(27) 角田文衛「天皇権力と皇親勢力」（前掲注25）は、皇親は天皇権力を支える存在ではなく、天皇の地位を狙うことのできる存在だったと位置づけられる。
(28) 竹内理三「「知太政官事」考」（『律令制と貴族政権』御茶の水書房、一九五九）・井上光貞「古代の皇太子」（『日本古代国家の研究』岩波書店、一九六五）などがある。
(29) 虎尾達哉「知太政官事小考」（『日本古代の参議制』吉川弘文館、二〇一八）参照。
(30) 鈴鹿王の初見は、和銅三年正月一三日条に「甲子、无位鈴鹿王・六人王に並びに従四位下を授く」とみえる記事である。これは、二世王としての蔭位であると思われる。これを選叙令授位条の「蔭を以て出身せば、皆廿一以上を限れ」の規定を適用して、同年に二一歳であったとすれば、彼の生年は持統天皇四年（六九〇）となる。叔父である舎人親王の生年は天武天皇五年（六七六）であるから、わずかに一四歳違いとなる。したがって、舎人親王らの孫王らと比しても、格段年長であったことは明らかであろう。
(31) 拙稿「古代の皇位継承について」（『古代天皇制史論』前掲注1）参照。

Ⅲ　律令制度の導入

第六章　天武朝の政治組織

これまで、天武朝の皇親に焦点を当てて、その扱われ方を考えてきた。本章ではそれら皇親を含め、天武朝の政治が、どのような組織によって行われてきたかをみることにしたい。まず、天武朝における政治組織を解明する必要があるだろう。そのため、天武紀にみえる官司《かんし》を総覧する必要があるだろう。

次いで、それら官司によって構成される政治組織をできる限り復元してみたい。すなわち、天武朝における太政官組織の復元である。ところで、天武天皇は飛鳥浄御原宮で政務をとった。その一方で、天皇は即位期間中に新しい宮処を、使を遣わして何度か模索させている。私見によれば、それはこれらの官司の整備と大いに関連するのではないかと思われる。そのため、この問題にも触れておきたい。

さらに、天武朝の地方組織に言及したい。国司制度は大化改新によって提起された。しかし、天武朝には筑紫大宰《つくしのだざい》のほかに吉備大宰《きびのだざい》や伊予惣領《いよのそうりょう》などの官司がみえる。これらは、国司とどのように関連づけられるのであろうか。このことにも言及したい。

天武天皇は、浄御原令の編纂を命じている。その施行は次の持統朝にまで持ち越されるが、我が国古代における律令体制への歯車を大きく推し進めたことは間違いないだろう。その意味で、天武朝政治の到達点が浄御原令であったということができるだろう。しかし、皇親冠位制の変遷過程をみた通り、天武朝初年に皇親のうち諸王の序列化を行い、その末年に皇子をも対象とする冠位制を施行している。さらに、持統朝の浄御原令施行を機に、皇親を臣下として位置づけている。このように、浄御原令に到達するまでに天武朝政治は、目まぐるしく変化を遂げているのである。浄御原令の成立とその政治については、次章で述べるつもりであるが、本章ではその前提として、以上のような問題を取り扱いたい。

1　天武紀にみえる官司

†持統天皇三年までの官司

まず、天武紀にみえる官司を列記してみよう。なお、天武天皇が制定を目指した浄御原令は、持統天皇三年に施行される。これによって、官司制度も大きく一変したものと思われる。その意味では、天武朝の官司は、浄御原令施行まで継続したものと思われる。そのため、持統天皇三年までの官司を列記することにする。

①天武天皇四年一月一日＝大学寮・陰陽寮《おんみようりよう》・外薬寮《がいやくりよう》
②天武天皇四年三月一六日＝兵政官長
③天武天皇六年一〇月一四日＝民部省
④天武天皇七年一〇月二六日＝法官・大弁官
⑤天武天皇九年七月二五日＝納言・宮内卿
⑥天武天皇九年八月五日＝法官
⑦天武天皇一〇年九月八日＝理官
⑧天武天皇一一年三月一日＝宮内官
⑨天武天皇一二年一二月一七日＝法官
⑩朱鳥元年一月一四日＝大蔵省・兵庫職《ひようごしき》
⑪朱鳥元年三月六日＝大弁官
⑫朱鳥元年七月一〇日＝民部省
⑬朱鳥元年九月二七日＝宮内・左右舎人・左右兵衛・膳職

⑭朱鳥元年九月二八日＝太政官・法官・理官・大蔵・兵政官
⑮朱鳥元年九月二九日＝刑官・民官
⑯持統天皇元年正月一日＝納言・奉膳

天武朝に存在したと思われる官司を、以上一六件確認することができる。このうち、令制下で太政大臣に直属する納言・大弁官については、のちに太政官の構成を考える際に述べることにしたい。他の官司は、省として民部省と大蔵省が、官として兵政官・法官・宮内官・理官・刑官・民官がみえる。職として兵庫職と膳職がみえる。また寮として大学寮・陰陽寮・外薬寮がみえる。そのほかに、左右舎人とのみ記されているが、令制下であれば寮であろうが、その官司の規模を推し量る単位は記されていない。同様に左右兵衛も、令制下であれば府であろうが、単位は記されていない。職も寮も令制下であれば、それぞれの省に属している官司であるが、それを具体的に示す史料はない。

†「省」と「官」

まず、省について考えてみよう。民部省も大蔵省も、令制下の八省と同じ名称である。このような観点で⑤の宮内卿をみると、八省の長官の職名は卿であることから、宮内省も存在し、舎人王はその長官であったと考えることもできる。しかし、⑧では宮内省ではなく宮内官と記されている。このことから、民部省・大蔵省あるいは宮内省は、令制による潤色の可能性が高かったといえるだろう。このような観点で、④法官の職務内容をみると、次のように記されている。

凡《おおよ》そ内外の文武官、年毎に史以上、其の属官の人等公平にして恪勤《かくきん》ならば、其の優劣を議して、進むべき階を定めよ、正月上旬より以前に法官に送れ、法官は校定して大弁官に送れ

これは、官人の考課・選叙の具体的方法を定めた規定である。官人の昇叙は所属の長官が優劣を審査して法官にその審査結果を正月上旬までに送ることになっていた。そして、法官はさらに大弁官に申し送ることが定められたのである。この規定に、極めて類似した令文が、養老令の考課令応叙条に次のようにみることができる。

凡そ叙すべき者を、本司は八月卅日《みそか》より以前に校定せよ、式部は十月一日より十二月卅日に尽くせ、太政官は正月一日より二月卅日に尽くせ、（下略）

ここでも、所属の長官が審査し、その結果を送られた式部省は、太政官に報告することになっている。太政官ではおそらく左右大弁官がその報告を受け取ったことであろう(1)。もちろん、この天武紀の記述は、申し送り期日が令制と異なっていることから、令文による潤色ではなかったと判断することができる。すなわち、令制の式部省に当たる職務を、天武朝では法官が執り行っていたことが分かるのである。次に⑦の理官については、天武紀同日条に次のように記されている。

甲辰に詔して曰く、凡そ諸氏の氏上、未だ定まらぬ者有らば、各定めて理官に申し送れ、

これは、諸氏の氏上を定めて、理官に申し送れという命令である。令制下においては職員令治部省条の卿の職掌に本姓を取り扱うことが定められている(2)。したがって、令制における治部省の職務を、天武朝では理官が執り行っていたことが分かるのである。以上のことから、令制で省と呼ばれていた官司を、天武朝では官と呼んでいたことが分かるのである。ただ、省も官も古訓はともに「つかさ」であるから、表記は違えども、意味は同じである。そのほかの官についても、官司の名称のみが記されているだけで、具体的な職務内容を知ることができない。

そこで、その官司の名称から、その職務内容を推し量ってみよう。

†官・職・寮の具体的な職務内容

まず、宮内官は令制の宮内省に相当することは間違いないだろう。兵政官も令制の兵部省に当たると思われる。刑官はおそらく刑部省であろう。令制の民部省の古訓が、『和名抄《わみょうしょう》』によると「たみのつかさ」であり、文字通り民官がこれに当たると思われる。すなわち、天武紀から、宮内・法・理・兵政・刑・民の六官を確認することができる。

ところで、⑬⑭⑮は、天武天皇の殯での誄《しのびごと》であるが、⑭の理官と兵政官の間に、大蔵が記されている。各官を列記しているものと思われることから、本来大蔵官であったものが、官の一文字を逸脱したものと考えてよいだろう。(3) このように考えると、令制の中務省に当たる官司がみえないことになる。何らかの事情で書き漏らした可能性もあるだろう。しかし、天武天皇の殯の誄でそのようなことがあったとは考えられないことから、中務省の職務は宮内官で行われており、令制で宮内省と中務省に分化したと考えるべきであろう。すなわち、天武朝では七官の体制であったと考えられる。

なお、官の長官は天武天皇九年七月二五日条によると、宮内卿と記されているが、これは令制による潤色であろう。一方、天武天皇四年三月一六日条では、栗隈王が兵政官長に任命されているが、これは、筆頭者を意味する長《おさ》という一般的な言辞であろう。これに対して、天武天皇一一年三月一日条によると、三野王が新城の地形調査に遣わされているが、それに同行した官僚を、宮内官大夫と記している。大夫の語は比較的古くから用いられているので、天武朝の七官の長官は、大夫と呼称されていたのだろう。

次いで、職の官司をみてみよう。まず、⑩に兵庫職がみえる。令制では兵部省に造兵司《ぞうへいし》と鼓吹司《こすいし》があったが、寛平八年に左右兵庫及び内兵庫とともに合併し、兵部省管轄下の兵庫寮になっている。(4) この過程をみれば、兵庫職は令制で造兵司・鼓吹司・左右兵庫・内兵庫などに分化する以前の官司であり、兵政官の管轄下にあったと考えられる。

もう一つ、膳職が⑬にみえる。令制では、朝廷全体の食事を担当する大膳職が宮内省の管轄下にあり、その長官は大夫であった。また、天皇の食事を担当する内膳司がやはり宮内省管轄下にあり、その長官は奉膳であった。天武紀にみえる膳職は、大膳・内膳に分化をする前の姿であろう。

なお、⑬で膳職のことを誄した紀朝臣真人は、⑯では奉膳として再び誄している。このことから、⑬で膳職のことを誄した彼は、膳職の長官として行ったのであろう。このように考えると、膳職の長官は令制下の内膳司の長官と同じく、奉膳と呼称されていたことになる。天皇権力の増大に伴い、天皇の食事を担当する部署が巨大化し、やがて令制下で外廷の食事を担当する大膳職と、内廷の食事を担当する内膳司に分化したと考えられる。すなわち、天武朝では、その意味で外廷と内廷が未分化な側面があったと判断できるだろう。

次に寮の官司をみてみよう。①に大学寮・陰陽寮・外薬寮がみえる。令制では、大学寮は式部省の管轄下にあった。したがって、天武朝の大学寮は法官の管轄下にあったと思われる。陰陽寮は、令制では中務省の管轄下にあった。天武朝では中務省の職務は、先にみたように宮内官に包摂されていたと思われるから、天武朝の陰陽寮は宮内官の管轄下にあったと思われる。

また、外薬寮という官司は、令制ではみられない。ただ、ここでことさらに外薬と記していることから、史料上にはみえないが、天武朝にはその語に対峙する内薬にかかわる官司が存在したはずである。令制では、中務省の管轄下に内薬《ないやく》司があり、内廷に薬を支給することを担当していた。その一方、外廷に薬を支給する職務を担当したのは、宮内省管轄下の典薬《てんやく》寮であった[5]。この典薬寮の天武朝における呼称が外薬寮であったと考えられる。すなわち、外薬寮は天武朝では宮内官の管轄下にあったと思われる。先にみた通り、膳職では内廷と外廷が未分化であったが、薬に関してはすでにその分化がみられるのである。このことから、天武朝はたしかに内廷と外廷が未分化な状態ではあったが、分化の必要性を感じていたとみることができるだろう。

最後に、官司の単位を明記していないが、⑬に左右舎人と左右兵衛がみえる。左右舎人は令制の左右大舎人寮で、左右兵衛は左右兵衛府であろうと思われる。左右大舎人寮は中務省の管轄下にあったから、天武朝では宮内官の管轄下にあったのだろう。左右兵衛府のその職務内容が、宮門や車駕の警備などであり、令制では天皇に直属する存在であった。しかし、天武朝の七官の内宮内官が、後に述べるように他の六官と異なり、天皇直属であったと思われることから、天武朝ではやはり宮内官の管轄下にあったと推測される。

2 天武朝の太政官組織

†宮内官の重要性

これまで、天武朝に実際に活動したと思われる官司を概観した。令制の省に当たる官が七つあり、それぞれの下に職や寮の単位の官司が存在したと思われる。ところが、天武紀にみえる職や寮の官司は、法官管轄下の大学寮と、兵政官管轄下の兵庫寮以外は、すべて宮内官《くないかん》の管轄下の官司である。もちろん、他の各官にも史料上みえない多くの職や寮があり、単に史料上みえないだけのことなのだろう。しかし、天武紀で取りざたされる官司の多くが宮内官の管轄下の官司であると考えれば、天武朝における宮内官は、非常に大きな存在であったと考えることができるだろう。

朱鳥元年九月二八日条によると、布勢御主人《ふせのみぬし》が太政官のことを誄《しのびごと》している。先にも述べたように、持統天皇正月一日条から、御主人は太政官を代表する納言であったことが分かる。このことから考えて、彼に続いて法官のことを誄した石上臣麻呂《いそのかみのおみまろ》、理官のことを誄した三輪高市《みわのたけち》麻呂《まろ》、大蔵（官）のことを誄した大伴安麻呂、兵政官のことを誄した藤原大嶋らは、それぞれの官の大夫（長官）であったと考えられる。翌日刑官のことを、次いで民官のことを誄した阿《あ》倍久努麻呂《べのくぬまろ》と紀弓張《きのゆみはり》も同様にそれぞれの長官であったと思われる。

ところが、この両日の誄の中に宮内官のことがみえないのである。宮内官の誄は、太政官のことが誄される前日の、九月二七日に犬養大伴《いぬかいのおおとも》によって、すでに行われているのである。そして、宮内官のことに続いて、左右舎人・左右兵衛・膳職のことなどが、誄されているのである。先にも述べたように、これらは宮内官の管轄下にあった官司である。すなわち、宮内官の誄が太政官のことに先立って行われているのである。

しかも、二七日には宮内官のことに先立って、壬生・諸王のことが誄されているのである。壬生とは天武天皇の生い立ちのことであり、そのことを誄した大海宿禰蒭蒲《おおあまのすくねあらかま》は、天武天皇の養育氏族を代表して述べたのであろう。このことから、天武天皇の幼名である大海人皇子の名前は、この養育氏族にちなむものであると考えられている。(6) 壬生に続いて述べられた諸王のことは、もちろん皇親のことであり、天武天皇の親族のことになる。すなわち、二七日の誄は天武天皇の個性にかかわることに始まり、至極内廷的なことが述べられているのである。

これらの誄の順序から、天武朝では宮内官は太政官に支配される存在ではなかったと考えるべきであろう。先にみた通り、宮内官の権限があまりに大きいためであろう。おそらく、宮内官は、太政官に属することなく、天武天皇に直属していたものと思われる。すなわち、太政官は納言を筆頭として、そのもとに法・理・大蔵・兵政・刑・民の六官で構成されていたと考えられるのである。ここにも、天武朝における内廷と外廷の未分化が垣間みられるのである。

弁官に冠された「大」とは

先に、天武天皇七年一〇月二六日条を引用し、天武朝における官人の昇任手順をみた。それは、それぞれの官司の長官が、審査結果を法官に送り、それを受けた法官は、大弁官《だいべんかん》に送るというものであった。ここで記されている大弁官は、令制の左大弁と右大弁に相当する官司であると思われる。ただ、少し奇異に感じるのは、なにゆえ弁官に大の一文字が冠されているのであろうかということである。

浄御原令では、大納言・中納言・少納言に分化するが(7)、天武朝ではそれが未分化であったため、ただ単に納言と称していた。それゆえ、わざわざ大弁官と記している背景には、中弁官あるいは小弁官が存在していたのではないかと思われるのである。このことについては、令制の左右大弁官の職務内容をみれば、自ずから理解できるのではないかと思われる。職員令太政官条には、左大弁官の職掌を次のように記している。

掌らんこと、中務・式部・治部・民部を管すること、庶事を受付んこと、官内を糺《ただ》し判ること、文案に署し、稽失《けいしつ》を勾《かんが》え、諸司の宿直、諸国の朝集を知らすこと、若し右大弁在らずば併せ行え、

左大弁は、八省のうち中務・式部・治部・民部の四省を担当していたのである。自動的にその他の四省は右大弁が担当したことになる。このことから、天武朝の大弁官の下に、左弁官と右弁官が存在していたのではないかと思われる。そして、左弁官が令制と同じように、法（のちの式部省）・理（同治部省）・民（同民部省）の三官を、右弁官が大蔵（同大蔵省）・兵政（同兵部省）・刑（同刑部省）の三官を担当していたと考えられるだろう。天武朝の六官が、三官ずつ左右に案分できることから、このように考えることが最も妥当であろう。これら天武朝の官司を図式化すると図1のようになる。なお、本図では天武紀にみえる官司のみを記した。また、推測できる官司については（　）を付して示した。

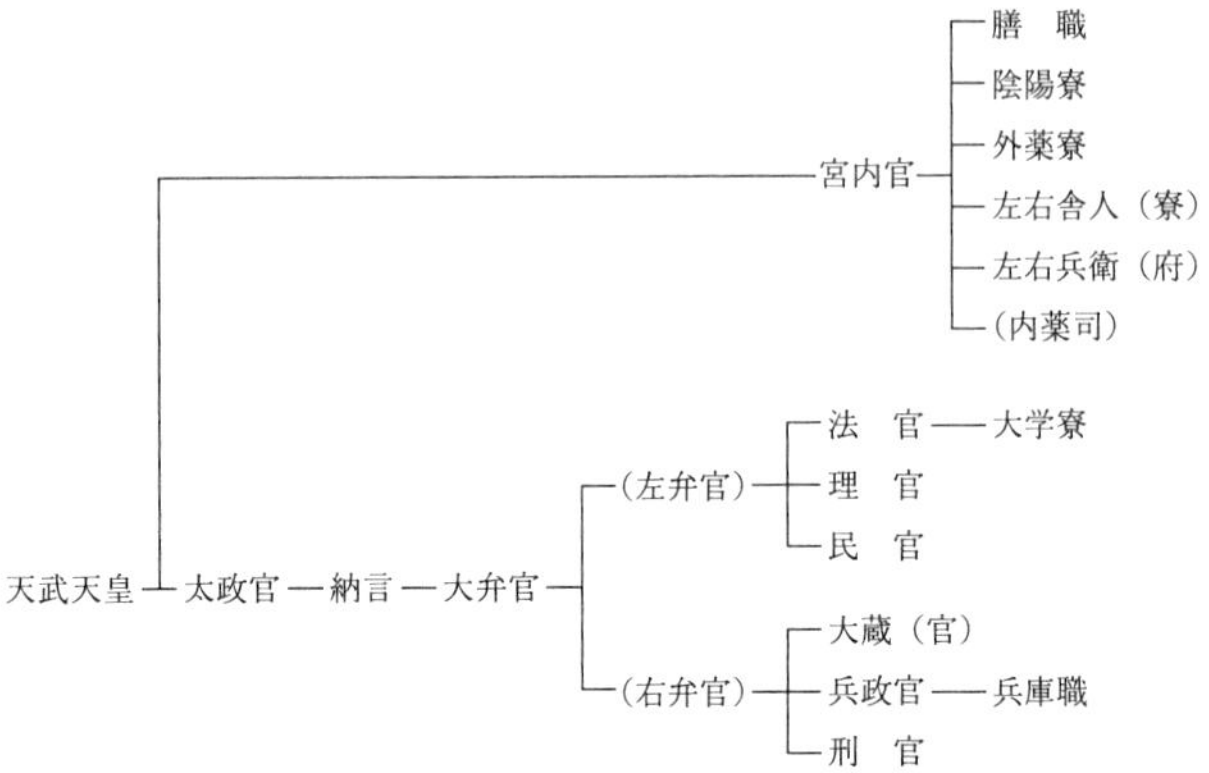

図1　天武朝の官司配置図

浄御原令による官司制度の大きな変化

このような官司制度は、持統天皇三年六月二九日に施行された浄御原令によって大きく変化することになる。ただ、浄御原令の編纂は天武天皇が命じたものであり、その趣旨そのものは、天武天皇の目指した目標であったと考えるべきである。したがって、このような天武朝の官司制度は、浄御原令による官司制度に至るまでの過渡的な状況であったと位置づけられる。

浄御原令の施行から約一年後の持統天皇四年七月五日に、高市皇子が太政大臣に任命される。同時に、多治比嶋が右大臣に任じられるが、それに次いで、「并びに八省の百僚皆選任す」と記されている[8]。久しくなかった大臣が任命されたのである。そして、ここで注目すべきは、八省という言葉が記されていることである。天武朝においては、これまでみた通り六官と天皇直属の宮内官であったが、ここでは八つの省の存在が確認できるのである。

すなわち、かつての宮内官が、宮内省と中務省に分化し、八つの省になったのである。官司の呼称が官から省に変更されていることから、養老令制の八省の呼称が、浄御原令で採用されたものと思われる。(9) また、太政大臣・右大臣の任命とともに、それに次いで八省の官僚が任命されていることから、かつて、宮内官は天皇に直属していたが、浄御原令によって、宮内省と中務省に分化したうえで、他の六省とともに太政官の組織下に位置づけられたのである。

浄御原令の施行に伴い、大臣が任命され、極めて大きな権限を有していた宮内官が、宮内省と中務省の二省に分化されて、太政官に移管されたのである。そもそも律令とは国家支配のための法典である。しかし、もう一つ大きな機能を有している。養老令の職員令を通観すると、それぞれの官僚の行うべき職掌が明記されている。それは、それぞれの官僚の権限であるとともに、それぞれの官僚が行うべき義務をも明記しているのである。そして、彼らはその義務を逸脱することは、決して許されないのである。(10)

すなわち、大臣には大きな権限を与えられるとともに、守るべき規範が示されているのである。このような法律による規範がないとするならば、大きな権限を与えられた大臣は、どこまでも暴走してしまう危険が常に存在するのである。天武天皇が独裁を好んだがゆえに、一人も大臣を任命しなかったのではなく、浄御原令による大臣の権限と義務を明確化するまで、大きな権限を有する大臣を任命することができなかったのである。天武天皇の後を受けた持統天皇は、その遺志を継承して、浄御原令を施行し、大臣を任命したのである。

なお、天武朝になると、伊勢神宮に対して恒常的に斎王を送り込んでいるし、ほぼ毎年のように広瀬・龍田の祭祀を行っている。すなわち、盛んに神祇を祀っているのである。しかし、天武朝には神祇官《じんぎかん》ないしは神祇伯に関する記述が全くみえない。『日本書紀』に初めて神祇官のことがみえるのは、やはり浄御原令施行直後の持統天皇三年八月二日のことである。この日、天皇は神祇官に百寮を集えて、天神地祇の祭祀の方法を説明している。おそらく、これは浄御原令の神祇令施行に際しての、説明会もしくは講習会であろう。

もっとも、神祇伯については、継体天皇元年二月一〇日・欽明天皇一六年二月・皇極天皇三年正月一日にもみえるが、いずれも大化前代のことであり、令文による潤色の可能性が高いだろう。次いで神祇伯がみえるのは、やはり持統天皇四年正月一日条である。この時、天皇の即位礼に際して、神祇伯中臣大嶋が天神寿詞《あめのかみよごと》を読んでいる。これらのことから、神祇官が正式に設けられたのも、浄御原令によるものと考えられるだろう。それまでは、天皇がすべての祭祀を直祭していたのではないかと思われる。

3 宮処の模索

†都を複数つくろうとした天武天皇

天武天皇は、飛鳥浄御原宮で即位して、その宮で政務をとった。ところが、その三年後の天武天皇五年是歳条によると、「新城《にいき》に都を造らんとする、限りの内の田園は公私を問わず皆荒れたり、然して遂に都造らず」とみえる。新城は現在の大和郡山市新木《にいき》と思われる(11)。天皇はここに都を造ろうとしたが果たせなかったのである。宝亀五年八月に光仁天皇が新城宮に行幸したことがみえるので、行宮を作ろうとしたと解釈することもできる。しかし、ここでは「都造らんとする」と明記していることから、行宮ではなく天皇が執務をする正式な宮殿を作ろうとしたと解釈するほうが自然であろう。

このように理解するもう一つの根拠として、その後も天皇は新たな都を作ろうとした形跡があるからである。天武天皇一一年三月一日には、「小紫三野王《しょうしみのおう》及び宮内官大夫を新城に遣わして、其の地形を見さしむ」とあり、またもや新城が新しい都の候補地に挙がっているのである。

さらに、天武天皇一二年一二月一七日には、「凡そ都城・宮室は一処にあらず、必ず両参造れ、故に先ず難波《なにわ》を都とせん」とみえる。都は飛鳥浄御原宮だけでなく、複数あるべきであるとして、難波に新たな都を作ってしまったのである。

さらに、天武天皇一三年二月二八日には、三野王等を信濃に派遣して、地形の調査をさせている。三野王等は約三カ月後の閏四月一一日に調査を終えて、信濃国の図面を献上している。ところが、三野王が信濃に派遣された記事には、「是地に都せんとするか」と『日本書紀』編者のコメントが付されているのである。住み慣れた大和から、遠く離れた信濃に都を遷すなどとは、にわかに信じがたいことである。しかし、天武天皇が新しい宮処を常に模索していたからこそ、天皇が信濃の地形調査に官人を派遣したことを、新しい宮処の模索に関連づけて、コメントを付したものと考えられるだろう。

結局、副都難波宮は設けられたものの、天武天皇は飛鳥浄御原宮で崩御し、新しい宮処を設けることはできなかったのである。飛鳥浄御原宮から遷都するのは、持統天皇八年一二月六日の藤原京である。天武天皇の新しい宮処の模索をみるとき、この藤原京遷都が、天武天皇の遺志によるものではないかとも思われる。そこで、藤原京遷都に至る経緯をみてみることにしたい。

†藤原京遷都に至るまでの経緯

藤原京遷都に関する記事が最初にみえるのは、持統天皇即位後の四年一二月一九日条で、

「天皇、藤原に幸して宮地を観る」とある記事である。持統天皇はこの時初めて藤原京の予定地を実見したのであろうか。その約一年後の持統天皇五年一二月八日には、官僚たちに対して、藤原京での宅地の支給を伝える記事が次のようにみられる。

乙巳に、詔して曰く、右大臣に賜う宅地四町、直広弐以上二町、大参以下一町、勤以下無位に至るまで、其の戸口に随へ、其れ上戸は一町、中戸は半町、下戸は四分之一町、王等亦此れに准ぜよ、

すなわち、この日、藤原京遷都を控えて、身分と冠位に応じたそれぞれの宅地が支給されたのである。このことは、この時点ですでに藤原京の都城の地割が完了していたことを示しているのである。また、持統朝では節日《せつじつ》の節会《せちえ》が、行幸先で行われていたと思われる。[12] しかし、藤原京遷都後には節日を含む行幸がみられなくなるのである。これは、節会が宮廷で行われるようになったことを意味していると思われる。すなわち、藤原京遷都は、急造中の未完成の長岡京遷都のようなものではなく、完成した藤原京に遷都したことを意味している。

持統天皇の即位は、草壁皇子の急逝を受けて彼女自身が決心したとも考えられる。[13] 彼女が藤原京遷都を発意したとするのであれば、それは彼女が即位を決意した草壁皇子急逝後というこ

とになるだろう。しかし、最近では若年の草壁皇子の即位を憚るとともに、譲位の慣習が一般的でなかったことから、草壁の成長を待つために、天武天皇の崩御とほぼ同時に称制を決意したと考えられている。(14)このように考えると、持統天皇元年（称制元年）に遷都を発意したとみることができる。この頃に遷都のための工事が開始されたのであれば、遷都完了までに約八年の期間があり、充分な時間を見込むことができるだろう。

しかし、在位中に四一回も行幸を繰り返した彼女であるが、殯期間中には一度も行幸を行っていないのである。(15)やはり、殯期間中は彼女自身が自粛していたものと思われる。そのような自粛期間中に、遷都というような大きな命令を発することができたであろうか。

このような経緯をみると、藤原京の造成は、新しい宮処を模索し続けた天武天皇によって、すでに始められたと考えるべきであろう。岸俊男氏は、天武天皇九年に造立が発意された薬師寺（元薬師寺）の遺構が、藤原京の坊条制に即していることから、藤原京遷都の構想は、すでに天武朝に行われていたと、推定しておられる。(16)ただ、岸氏も力説されるように、藤原京は、遷都以前に利用されていた中津道・下津道・山田道などを基準にしていることから、薬師寺の遺構がのちの藤原京の坊条制《ぼうじょうせい》に即してしまったのは偶然だったのかもしれない。何よりも、天武九年段階で藤原京遷都の構想がすでにあったならば、天武天皇一一年三月一日条にみえる新城を調査させる記事は存在するはずがないだろう。

ただ、天武天皇九年が早すぎるとしても、持統天皇四年にはすでに藤原京の地割《ちわり》が完了していたことは認めるべきであろう。すなわち、わが国最初の都城制だといわれる藤原京遷都は、新しい宮処を模索し続けた天武天皇の最終目標だったのである。それでは、天武天皇はいつ頃遷都を決意したのであろうか。

†天武天皇が遷都を決意した時期

持統天皇六年五月二六日条によると、伊勢・大倭・住吉・紀伊大神の四社に対して、奉幣がなされている。その際、「告ぐるに新宮のことを以てす」、すなわち藤原京遷都に先駆けて、これら四社に報告がなされているのである。皇祖神の伊勢、藤原京のある大和の地主神大倭《おおやまと》、副都難波京の地主神住吉《すみよし》、准皇祖神紀伊大神《きいのおおかみ》に、それぞれ報告がなされたのである。(17)

これに先立つ、朱鳥元年七月五日条によると、天武天皇は紀伊国の国懸社《くにかかす》・飛鳥の四社・住吉社に奉幣している。その理由は明記されていない。ここには、皇祖神伊勢が記されていないが、第二章で述べた通り、伊勢神宮の皇祖神化は天武朝が端緒であるから未だにみえないのであろう。紀伊の国懸は日前宮と同じく紀伊大神である。飛鳥四社は浄御原宮の所在地の地主神であり、住吉は副都難波京の地主神である。このように考えると、本条は持統天皇六年五月二六日条と対をなしているように思われる。また、この前日には人民の調《ちょう》を半減し、全国の徭役《ようえき》を免除している。これは藤原京造営のための雇直による労働力の確保を意味しているのではないだろうか。これらのことから、これが藤原京への遷都を発意したことによるものではないかと思われる。それでは、なにゆえ天武天皇は新しい宮処を模索し続けて、藤原京遷都を目指したのであろうか。[18]

第五章において、食封を支給され、官職を与えられ、官僚として序列化される皇親たちの姿を確認した。そのことは、皇親たちだけでなく、官僚となる臣下も同様のことであった。天武朝の官僚たちは、官僚としての職務に励むため、忍壁皇子がそうであったように、政務の中枢である宮処の側近くに邸宅を構える必要があったのである。

その場合、官僚たちの邸宅は、天皇から与えられた冠位と任された職務にふさわしいものでなくてはならなかった。すなわち、皇親や臣下を官僚化し、それを序列化するためには、官僚たちを集住させる都城制が不可欠であった。そして、都城制を実施するには、山に囲まれた飛鳥の地はあまりにも狭隘すぎたのである。それゆえ、天武天皇は都城制にふさわしい土地を求めて模索したのである。[19]

4　地方組織

†地方国の成立

天武天皇五年正月二五日条によると、「凡そ国司を任ずるは、畿内及び陸奥《むつ》・長門《ながと》を除きて、以外は大山位以下の人を任ぜよ」と命じている。この頃、まだ和泉国は河内《かわち》国に包摂されていたから、畿内は大和・山城《やましろ》・摂津《せっつ》・河内の四カ国だった。『延喜式』によると、長門国は中国であったが、他の五カ国は大国であった。天武朝では瀬戸内交通路の要衝にある長門国は、大国として扱われていたのであろう。[20]

養老令職員令によると、大国の守は従五位上の者が任じられることになっており、以下上国・中国・下国と、国力が下がるにしたがって、守の官位相当制は順次下がっていくことになる。すなわち、天武朝には独自の地方長官の官位相当制があったことが分かる。ところで、このような地方国は、いつ頃成立したのであろうか。『常陸国風土記』の冒頭部分に常陸《ひたち》国成立に関する次のような記述がある。

> 国郡の旧事を問うに、古老答えて曰く、相模国足柄岳の坂より以東の諸県は、惣じて我姫（我妻＝東）国と称し、是の当時常陸とは言わず、唯新治《にいばり》・筑波《つくば》・茨城《いばらき》・那賀《なか》・久慈《くじ》・多《た》珂《か》の国と称す、各造・別を遣わし検校せしむ。其の後難波長柄豊前大宮臨軒天皇《なにわながらとよさきのおおみやにしらす》（孝徳天

皇）之世に、高向臣《たかむくのおみ》・中臣幡織田連《なかとみのはとりだのむらじ》等を遣わし、坂より已東之国を惣領《そうりょう》す、時に我姫之道《あずまのみち》は分れて八国と為る、常陸国は其の一つに居り、

昔、足柄山以東の地域は、単に東国と呼んでいて、国造たちが治めていたが、孝徳天皇の大化改新後に惣領が遣わされ、東国は常陸国など八カ国に分かれたというのである。国は非常に古くから存在したものと思われがちであるが、大化改新後に大和王権によって設置されたものだったのである。

†筑紫大宰・吉備大宰とは何か

ところで、この常陸国を成立させた惣領とは何であろうか。早くは津田左右吉《そうきち》氏が、惣領とは国司の古い呼称であると提唱された(21)。これに対して、坂本太郎氏は、令制の大宰府のような一定の広域な地域の複数の国を統括する官司であるとされた(22)。もし、惣領が統括官司だとするならば、壬申紀で天武天皇に心を寄せた筑紫大宰や吉備大宰などに関係してくることになる。

これに関して、中西正和氏は、惣領に関する史料を詳細に分析し、惣領が国司を指導監督した形跡のないことを指摘し、それが国司の古い呼称であったとされた(23)。中西氏の説は、史料分析を徹底して行っていることから、ほぼ首肯することができると思われる。それでは、壬申紀

にみえる筑紫大宰や吉備大宰とは、何なのであろうか。

中西氏は、これこそが数ヵ国を広域的に管轄する官司であるとされた。たとえば、吉備国に惣領が国司として任命される。その後、吉備国は備前・備中・備後に分割されると、それぞれに惣領が任命されることになる。ただ、何かの事情によって、旧吉備国を総括する官司が必要になった場合、吉備大宰という統括官司が置かれることになるのである。国司は、国宰とも呼ばれていたので、その国宰の上位に位置することから、大宰と呼称されたのであろう。このように理解すれば、字義の面からも納得できるだろう。(24)

ただし、吉備国の分割は天武朝のことであると思われるので、壬申紀にみえる吉備大宰は、本来吉備国司ないしは吉備惣領あるいは吉備国宰でなくてはならないので、後代の制度による潤色であると考えるべきであろう。また、吉備大宰は令制の職制には存在しない。したがって、天武朝から大宝令施行までの間に存在した官職であるといえるだろう。なお、令制では筑紫大宰府だけが、九州九ヵ国の統括官司として存在している。これは、西海道が畿内とは接することなく、「遠のみかど」と認識されていたことによるものであろう。

吉備国の分割・設置の時期

それでは、吉備国の分割はいつのことだったのであろうか。それは、すなわち吉備大宰の設置をも意味していると思われる。中西氏は、天武天皇二年三月一七日条に、「備後国司、白雉《はくち》を亀石郡《かめいしのこおり》に獲《え》て貢ぐ、乃ち当郡の課役悉く免ず」とある記載から、この時すでに吉備国の分割は済んでいたとされる。その要因として、壬申の乱における吉備国の軍事力が大きかったため、乱直後にとり急いで分割がなされたものと推測されるのである。津田左右吉氏は、この備後国司は、本来吉備国司であるべきものを、令文で潤色したものとされる。(25) これに対して中西氏は、「このような修飾は、日本書紀においては考え難い」として一蹴される。果たしてそうであろうか。

この記事において最も重要なことは、白雉を獲得した郡の位置である。それが証拠に課役の免除は国に対してではなく、亀石郡に対して行われているのである。その亀石郡が、当時は吉備の国であったが、『日本書紀』編纂時点での備後国に位置していることを、編者は伝えたかったのである。このように理解すれば、このような修飾は極めてありうべきことであろう。

もちろん、壬申紀における吉備国の扱われ方をみれば、中西氏がいわれるように、このような巨大な地方勢力を一つのままにしておくことは、天武天皇の望むことではなかったと思われる。したがって、吉備国の分割は早晩行われるべきことであっただろう。しかし、私があえて壬申の乱直後ではないだろうと考えるのは、天武天皇一一年七月二七日条に、「信濃国・吉備国言す、霜降り亦大風ありて、五穀登らず」とあるからである。

中西氏は、これを吉備の大宰をさすものだとされるが、その根拠は提示されていない。この記事は、不作記事である。この不作に対して政府は免税など何らかの対処をしたであろうが、もし吉備国が分割されていたとしたら、補塡の対象国名を明確にする必要があったはずである。この報告は大宰が報告するにしても、吉備大宰管内のどの国が不作なのかを報告されるべき案件であろう。すなわち、統括官司の吉備大宰が報告するにしても、分割後であれば、その地域が備前・備中・備後の何れなのかを明示する必要があったはずである。事実、吉備国と信濃国が並んで報告しているのであるから、吉備国は単一の国であったと考えるべきであろう。したがって、吉備国の分割は、これ以後と考えるべきであろう。

私がこのように考えるもう一つの根拠として、天武天皇一二年一二月一三日条の次のような記事がみえるからである。

十二月甲寅丙寅に、諸王五位伊勢《いせ》王・大錦下羽田公《はたのきみ》八国・小錦下多臣品治《おおのおみほむち》・小錦下中臣連大嶋、并びに判官・録史・工匠等を遣わして、天下を巡行し、而て《しかし》諸国の境界を限り分つ、

これによれば、この時政府は地方諸国の国境を画定しているのである。言い換えれば、中央から派遣された国司の管轄範囲が、これによって画定したのである。もちろん、大化改新以後

派遣された国司の管轄範囲が、この時まで全く画定していなかったわけではないだろう。おそらく、全国的にあいまいな要素が多く見受けられたのであろう。そして、この措置によって一応の画定をみたということであろう。そして、これ以後、吉備国という地名はみえなくなることから、この機会に吉備国は備前・備中・備後に分割されたものと思われる。

国司の支配領域の画定

壬申の乱を経験した天武天皇であれば、地方の巨大な勢力を放置しておくことはできなかったであろう。中央政府から官僚を国司として派遣するにしても、その任国が巨大なままであることは、その官僚に巨大な権力を託してしまうことになるのである。それは極めて好ましくないことであっただろう。そのため、諸国の境界を画定するとともに、吉備国などを分割して地方諸国を適正な規模にしたものと思われる。言い換えれば、大化改新直後から始まった国司の支配領域は、三〇年以上の歳月をかけて、この時にやっと完了したといえるだろう。

篠川賢《しのかわけん》氏も天武天皇一二年の諸国の国境画定を、令制国の成立であると評価される。[26] しかし、ここに至るまでの国司制度の成立過程について、おおむね三段階を設定される。第一段階は大化改新後に派遣された国司である。これは建郡（評）などの特別な任務を奉じて臨時に派遣された国司であるとされる。第二段階は庚午年籍の成立によって、諸国に常駐するようになった国司である。ただし、この段階で派遣された地方国の単位は国造国であったとされる。そして、第三段階として、天武天皇一二年になってようやく令制国が成立するとされるのである。

大化改新後の国司が臨時の派遣官であり、建郡後そそくさと都に還ってしまったのであれば、新たに建郡された郡の郡司は誰の指示によって郡政を執り行ったというのであろうか。なによりも、『常陸国風土記』は、大化改新後に常陸国が成立したことを述べている。当時の国司が臨時の派遣官ならば、常陸国の政治は誰が行ったというのであろうか。また、天武天皇一二年以前の国司が常駐するようになった地方国の単位が本当に国造国だったのだろうか。『先代旧事本紀』の国造本紀に載せる国造の数は一三五に上る。天平期の令制国の数は六四カ国であった。(27)

篠川説によるならば、一三五の常駐国司が存在したことになるのである。紀伊国には紀伊国造と熊野国造が存在した。篠川説によれば、天武天皇一二年以前の国司が国造国に派遣された紀伊国司は、紀伊国北部の紀伊国造支配領域に派遣されたことになり、熊野国造支配領域には熊野国司が派遣されたことになる。しかし、史料にみえる国司は、すべて令制国司と同じ職名であり、令制国とは異なる国造国の地名を冠した国司を一例もみることとはできないのである。これらのことから、大化改新後常駐国司が派遣され、その後三〇年を経て地方国の国境が画定したものと考えるべきであろう。

†支配領域をめぐる国司と国造の攻防

その後も、和銅六年に備前国から美作国が分割されるなど、国境の変更は繰り返されたと考えられる。それでは、地方国の成立にこれほどの時間を要した要因とは何であろうか。そして、天武天皇一二年に至るまで、地方国の国境が画定していなかったということは何を意味しているのであろうか。

前掲の『常陸国風土記』によると、常陸国が成立する以前は、新治・筑波・茨城・那賀・久慈・多珂の六つの地域に分かれていたことが明記されている。そして、それらの地域は、いずれも国造によって治められていたのである。派遣された国司（惣領）は、常陸国を成立させたのである。その際、国造たちの請願によって常陸国内に郡を成立させているのである。『常陸国風土記』は、行方郡の成立の様子を次のように語っている。

古老曰く、難波長柄豊前大宮馭宇天皇之世、癸丑年（六五三）に、茨城国造小乙下壬生連麿・那珂国造大建壬生直夫子等、惣領高向大夫・中臣幡織田大夫等に請いて、茨城の地八里と、那珂の地七里、合わせて七百余戸を割いて、別して郡家を置く、これによると、行方郡は、茨城国造の支配領域から八里を割いて、かつ那珂国造の支配領域から七里を割いて、合計一五里、総戸数七〇〇余戸で成立したことが分かる。すなわち、常陸国に派遣された国司は、既存の国造の支配領域を削減して、新たな郡を成立させていたのである。国造たちが、国司に請願したことによって、行方郡が成立したと語っている。しかし、既存の権利を自ら放棄するようなことを、国造たちが望んだであろうか。むしろ、中央政府の軍事力を背景に、派遣された国司たちが、かなり強引に建郡を押し進めたものと考えて間違いないだろう。すなわち、国司が任国に赴くということは、建郡を行うということであり、それは国造の勢力を削ぐということに他ならなかったのである。

その結果、常陸国では六つの国造支配領域が、一〇の郡に分割されてしまったのである。『常陸国風土記』では、建郡は極めて順調に行われたように記されている。しかし、既存の勢力を削がれる国造にとっては、決して心穏やかではなかっただろう。しかも、このような建郡が常陸国だけでなく全国的に行われたのである。『倭名類聚抄《わみょうるいじゅうしょう》』の国郡部には、全国約六〇〇の郡の存在が記されている。天武朝以後かなりの分郡が行われた結果であろうから、天武朝にはおよそ五五〇程度の郡が所在していたと思われる。それに対して、『先代旧事本紀《せんだいくじほんぎ》』の国造本紀には、全国に一三五の国造の存在したことが記されている。[28] すなわち、国司が派遣される前には、全国が一三五の国造によって分割支配されていたのであるが、国司が派遣され、建郡が強行された結果、天武朝には約五五〇の郡に分割されたのである。たしかに、国造は郡司へと転換した。しかし、かつて国造は国土の一三五分の一を領域として支配していた。しかし、郡司へと転換したかつての国造は、国土の五五〇分の一を支配するに過ぎないものとなってしまったのである。

また、とくに注意しておきたいのは、篠川説が天武天皇一二年の令国制の成立を以て、国造制が停止されたとする点である。別稿で述べた通り、神祇令では大祓に際して、諸国の国造が「馬一匹」を差し出すことが規定されており、奈良時代の国造は、律令制度に依拠して全国に存在したことは明らかである。(29) 奈良時代の国造は国司による地方支配を補完するものとして存在していたと思われるのである。

『常陸国風土記』によると、建郡は極めて順調に果たされたようにみることができる。しかし、全国に盤踞《ばんきょ》する国造たちは、自らの命運をかけて、国司が行う建郡に必ずや激しい抵抗をしたであろう。そして、建郡が未完な国においては、国司が支配する郡と国造の支配する国造国が併存していたと思われる。(30) すなわち、建郡の未完な国においては、国司の支配領域が画定してはいないことになるのである。

天武天皇一二年の国境画定こそは、全国に派遣された国司たちが、全国に盤踞する一三五の国造たちとの激しい攻防の末、一応の建郡を完了したことを示しているものと考えられるだろう。すなわち、大化改新以後模索し続けた地方組織は、この天武朝において完成をみたのである。

5　本章のまとめ

本章では、天武朝の政治組織について考えてきた。まず、天武紀にみえる官司を総覧し、後代の律令と対応させながら、どのような職務を行っていたかを推定した。次いで、その成果に基づいて、天武朝の太政官組織の復元を試みた。その結果、太政官は庶事に参与する納言が率い、そのもとに六官が組織されていたことを明らかにした。この六官のほかに宮内官が存在したが、それは極めて大きな権限を持っていたため、天皇に直属していただろうと推定した。なお、天武紀に神祇官・神祇伯の語が全くみえないことから、神祇官の成立は浄御原令によるものと考えた。したがって、天武朝の神祇も、天皇が直祭していたものと推定した。

天武朝の政治組織が、上述のように整備されたことから、皇親や臣下は官僚として執務するために、政治の中枢たる天皇の宮殿の側近くに邸宅を構えることになった。そのため、それらの邸宅敷地を十分に有することのできる新しい宮処を、天武天皇は模索し続けた。その結果、持統天皇八年の藤原京遷都へとつながると考えた。たしかに、藤原京遷都は、天武天皇の死後八年を経たのちのことである。しかし、持統天皇五年には、官僚たちに対して、藤原京での邸宅敷地の支給が早くも行われていることを指摘した。このことから、わが国最初の都城制と評される藤原京の造営は、天武天皇の構想を引きついだものであろうと提言した。

さらに、大化改新以後模索されていた国司の支配領域と建郡が、天武天皇一二年一二月一三日条によって一応の完成をみたと考えた。また、吉備国の分割もこれによって行われたものと提言した。なお、分割された数ヵ国を統括する官司として、浄御原令には大宰という統括官司が存在したであろうとも考えた。ちなみに、その大宰は、九州の大宰府を除いて、大宝律令の施行によって消滅したとも考えた。

大化改新以後模索されてきた国司制度の一応の完成が、天武朝だったのである。そして、このように長い年月を要した背景には、全国に存在した国造の支配領域を削減し、新たに国司が統括する郡を建郡することに時間を要したのである。以上のことから、天武天皇は、中央官司に対しても、地方組織に対しても、それが巨大な存在であることを好まなかったことが分かる。それは、組織が大きければ大きいほど、それを託す官僚の権限が大きくなることを好まなかったからであろう。

注

（1）養老令職員令によると、左大弁の職掌として「庶事を受付んこと」とある。

(2) 養老職員令治部省条の卿の職掌として「掌むこと、本姓」とある。

(3) 朱鳥元年正月一四日条には、「大蔵省」の記事がある。これは、本来「大蔵官」とあるべき官司名を、令文で潤色したものと考えることができるだろう。

(4)『古事類苑』官位部一による。

(5) 養老職員令宮内省典薬寮の頭の職掌として、「掌むこと、諸の薬物のこと、疾病療さむこと、及び薬園のこと」とある。

(6) 川崎庸之『天武天皇』(岩波新書、一九五二)参照。

(7) 持統天皇六年二月一九日条には、中納言の呼称がみえる。このことから、史料上未見であるが、大納言・少納言も制度上存在したであろう。そして、これらは浄御原令に基づく官司と考えられる。

(8) 瀧浪貞子『持統天皇』(中公新書、二〇一九)は、高市皇子太政大臣任官を、彼に皇位を断念させるための措置だったとする。私も、その意味合いは否定しない。しかし、彼に対する措置だけだと考えた場合、同時に左右大臣が任命されていることの意味が理解できなくなる。あくまでも、浄御原令による官司の任命であったと理解すべきであろう。

(9) 浄御原令の施行以後、法官などの「〜官」という官司名は一切史料上に確認できない。

(10) 官僚としての行いは、令の条文に照らして、厳格に評価されることになっていた(野村忠夫「大宝・養老令制の考叙法」、『律令官人制の研究』吉川弘文館、一九六七)。

(11) 岩波本『日本書紀』(古典文学大系)同日条頭注による。

(12) 西本昌弘「天武・持統天皇の吉野行幸と宮瀧遺跡」(『上代文学』一一五、二〇二〇)参照。

(13) 直木孝次郎『持統天皇』(吉川弘文館人物叢書、一九六〇)参照。

(14) 瀧浪貞子『持統天皇』(前掲注8)参照。

(15) 拙稿「持統天皇の牟婁温泉行幸」(『熊野』一六〇、二〇二一)参照。

(16) 岸俊男「緊急調査と藤原京の復元」(『日本古代宮都の研究』岩波書店、一九八八)参照。

(17) 薗田香融「岩橋千塚と紀国造」(『日本古代の貴族と地方豪族』塙書房、一九九二)は、紀伊国に鎮座する日前・国懸両宮を、「準皇祖神」と評価している。

(18) 雇直とは、主に庸を財源として代償を支払うことによって労働力を確保することであるが、すでに斉明朝から行われていたと思われる(拙稿「有間皇子事件の再検討」、『古代熊野の史的研究』塙書房、二〇〇四)。

(19) 飛鳥古京・藤原京・平城京への変遷を、岸俊男『宮都と木簡』(吉川弘文館一九七七)は、「推古朝以後、大化改新をへてしだいに高まってきた中国的な律令に基づく古代国家建設の歩みと軌を一にしている」評している。

(20) 岩波本『日本書紀』(古典文学大系)同日条頭注には、「東北・西海の辺防のためにとくに高位の者を任じたのであろう」とする。

(21) 津田左右吉「大化改新の研究」(『日本上代史の研究』岩波書店、一九六三、津田左右吉全集三)参照。

(22) 坂本太郎『大化改新の研究』(至文堂、一九四一)参照。

(23) 中西正和「古代惣領制の再検討」(『日本書紀研究』一三、一九八五)参照。

(24) 『続日本紀』延暦五年四月一一日条では、庸調の未納の責任を「良とに国宰・郡司逓いに相怠慢するに由」ると、国司を国宰と表して批難している。

(25) 津田左右吉「大化改新の研究」(前掲注21)参照。

(26) 篠川賢『国造』(中公新書、二〇二一)参照。

(27) 『続日本紀』神亀五年一二月二八日条には、「金光明経六十四帙六百四十巻を、諸国に頒つ、国別十巻」とあることから、当時の令制国の数が六四だったことが分かる。

(28) 国造と郡司の対応関係については、今泉隆雄「八世紀郡領の任用と出自」(『史学雑誌八一-一二、一九七二)に詳しい。

(29) 拙稿「奈良時代の国造」(『日本歴史』七五七、二〇一一)参照。

(30) 関晃「改新の詔の研究」上・下(『東北大学文学部研究年報』一五・一六、一九六四・一九六五)は、大化改新以後天武朝に至るまで国造支配による国と政府によって建郡された郡が併存していたとする。

第七章　天武天皇と律令国家

　これまでみてきたように、天武天皇は、皇親や豪族を官僚として組織し、都城制の中に集住させ、政治組織を整え、官僚の権利と義務を明確にしたうえで、政治に携わらせたのである。すなわち、日本の政治体制を、律令国家に転換させようとしたのである。このような発想は、天武天皇が初めて考えたことなのであろうか。そこで、まず天武天皇が律令国家を渇望した背景をさぐることにしたい。

　天武天皇は、律令国家を具現化するために、まず浄御原令《きよみがはらりょう》の編纂を始めた。事半ばにして天皇は崩御し、その施行は持統天皇によって果たされることになる。さらに、その一二年後の大宝元年に大宝律令が完成することになる。大宝律令の施行こそは、我が国律令国家の完成であると評価されている(1)。それでは、その浄御原令と大宝令はどれほど通底していたのであろうか、あるいはどれほど異なっていたのであろうか。次に、この問題を考えてみたい。

　大宝令と浄御原令の異同を確認したうえで、天武天皇が完成を目指した浄御原令の内容をできる限り詳しくみることにしたい。おそらくそれは、持統天皇・文武天皇の行った政策に反映されていることだろう。浄御原令の条文を知ることのできない今、それらの政策から浄御原令の詳細を垣間みるほか手段はないであろう。

一方、律令国家を渇望した天武天皇は、浄御原令の編纂を命じるに至るまで、どのような政治を行ったのであろうか。そこには、律令的な政策がみられるのであろうか。あるいは、律令的な政策を目指しながらも、果たせなかったとしたならば、どのような問題が存在したのであろうか。本章では、このような問題を考えてみたい。

1 律令国家への胎動

†律令国家への起点としての推古朝

日本の律令国家の完成は、一般的に大宝元年の大宝律令の完成であるといわれている。それでは、日本の国が国家として律令国家を目指したのは、いつのことであろうか。大化改新については、その存在を否定する研究者もいる(2)。しかし、肯定的にとらえる研究者は、この大化改新こそが、日本が律令国家へと歩みだした起点であると考える人が多い(3)。私は、大化改新を肯定するか、あるいは否定するかにかかわらず、日本が律令国家へと歩みだした起点は、それ以前の推古朝ではなかったかと考えている。

　推古朝には、聖徳太子が摂政として活躍し、推古天皇一一年には冠位一二階が定められ、翌年には一七条憲法が制定されている。近年、聖徳太子の存在そのものを疑問視する研究もある。(4)たしかに、記紀や多くの史料が語る聖徳太子の所業は、多分に伝奇的な要素があり、慎重な検討が今後とも必要であろう。しかし、聖徳太子の存在にかかわることなく、推古朝のこれらの改革を、私は史実であると考えている。

　推古朝の頃、朝鮮半島は高句麗《こうくり》・百済《くだら》・新羅《しらぎ》の三国時代であった。当初、三国の中でも、高句麗の国力が他の二国をはるかにしのいでいた。(5)しかし、新羅は智証《ちしょう》王元年（五〇〇）に国号を新羅と改めるとともに、支配者の尊称を王に改めた。その後、法興《ほうこう》王七年（五二〇）に律令を公布するとともに、独自の官僚制を敷いた。その結果、新羅の国力は急激に強大化した。新羅の強大化に伴い、日本は朝鮮半島弁韓《べんかん》地方の任那を喪失することになってしまったといわれている。任那日本府が、実際に弁韓地域を実行支配していたかについては、多少の疑問もあろうが、日本の半島における権利が減退したことは認めてよいだろう。

　たしかに新羅は強大化したが、朝鮮半島には三国が鼎立していた。一方、中国は南北朝時代であったが、推古朝を迎える直前に、状況は一変した。比較的日本に近い北朝は五胡十六国時代で、多くの国家が乱立していた。(6) さながら、日本列島に一三五の国造勢力が乱立しているかのような有様であった。この頃の東アジアでは、小国が乱立していることが当然であるという認識があったのかもしれない。

しかし、崇峻《すしゅん》天皇三年に当たる、隋の開皇九年(五八九)に、隋は南朝の陳を亡ぼし、中原を統一したのである。突如として、強大な帝国が出現したのである。周辺諸国は隋に対して遣使を行わざるを得なくなったのである。日本も推古天皇八年に遣隋使を派遣している。もちろん、日本海を挟んで、日本と拮抗していた新羅も同様である。しかし、律令制による官僚制度が整っていた新羅の使者は、隋の王宮の中を、官僚の序列に従って、整然と歩を進めたことであろう。

もし、日本にそのような使者の序列がなかったとしたら、日本から遣わされた使者たちは、隋の王宮の中をどのように並んで歩を進めればよいのか分からないことになるだろう。そのため、急遽冠位一二階を制定する必要が生じたのである。すなわち、推古朝の改革は、日本の都合によるというよりも、東アジアの国際環境の中で、国力を増大させてきた新羅に、決して劣るものではないことを示す必要から生じたものなのである。一方、一七条憲法もそのような序列化された臣下に対して、官僚としての心構えを示したものであった。

†大化改新詔の背景

ただ、推古朝の諸改革は外交上の必要性から生じたものであったため、内政の改革には直結しなかったようである。事実、使者として派遣される見込みのない、蘇我氏などの大豪族は、この冠位一二階によって序列される対象外だったのである。(7) 大豪族たちは、天皇の下に序列化されることを拒んだのである。それほどまでに、天皇家は大豪族に対して超越した権力を保有していなかったのである。

その一方で、遣隋使が隋の煬帝に捧呈したとされる国書には、『隋書』によると「日出づる処の天子、書を日没するところの天子に致す」とあり、『日本書紀』では「東の天皇敬しみて西の皇帝に白す」とある。(8) いずれにしても、隋という大帝国に対峙する統一国家としての意識を強く打ち出しているのである。日本列島は多くの国造が乱立し、大豪族を天皇は律しきれない状態であった。しかし、列島全体を一つの統一国家として意識し始めたことが分かるのである。その意味で、推古朝はそれまでの国家観とは異なり、統一された日本国家へと歩みだす起点であったといえるだろう。

その後、天皇と豪族の関係も微妙に変化することになる。皇極天皇二年一〇月六日条によると、「蘇我大臣蝦夷《えみし》、病に縁りて朝せず、私に紫冠を子の入鹿に授けて大臣に擬す」とみえる。

天皇から授けられた紫冠を、蘇我蝦夷は勝手に息子の入鹿《いるか》に伝領させたのである。これは、大化前代における蘇我氏の専横を示す挿話である。たしかに、天皇から授けられた冠位を私的に扱うことはできないはずである。

　事実、天武天皇一四年五月一九日条によると、粟田真人《あわたのまひと》が冠位を父に譲ろうとしたが、天皇はそれを許してはいない。[9]その意味で、蘇我氏の専横の度合いも分かろうというものである。しかし、ここで最も注目しなくてはならないことは、大豪族の蘇我氏が、天皇から紫冠という冠位を授けられていたという事実である。推古朝に序列化の対象外であった大豪族が、皇極朝には序列化の対象となっているのである。推古朝から皇極朝へのこのような動きをみるならば、大化改新も起こるべくして起こったものと考えられるだろう。

　たしかに、大化改新詔は、宣命体ではなく、「凡そ〜」という律令の条文形式で書き出されており、後代の令文による潤色が施されていることは否定できないであろう。その内容も、後代の令文と酷似している点が多いこともたしかである。[10]しかし、後代の令文と異なる点があることにも注目しなくてはならないだろう。大化改新詔の第二詔では、郡の等級を定めている。それによると、四〇里を大郡、三〇里以下四里以上を中郡、三里以下を小郡とすることになっている。

　これに対して、律令の戸令定郡条《こりょうていぐんじょう》では、大郡は一六〜二〇里、上郡一二里以上、中郡は八里以上、下郡は四里以上、小郡は二里以上となっている。郡の等級は五等に分割されているし、等級を決定づける里の数も全く異なっているのである。令文とは異なるこのようなオリジナリティーを確認するならば、大化改新詔はたしかに令文による潤色はなされていたであろうが、その言わんとする趣旨は間違いなく当時出された詔の趣旨を伝えているものと判断すべきだろう。

†有間皇子の謀反にみる租庸調税制

ただ、大化改新詔の内容が、即座に施行されたかは疑わしいだろう。そこで、この詔は蘇我氏滅亡後の政府が目指した目標だったと考えられる。その目標がこれ以後徐々に具現化し、大宝律令につながったとみることができるだろう。とはいえ、全くの目標であり、詔の内容が全くこの頃具現化していなかったわけでもないようである。

この詔が発布されて一二年後の斉明天皇四年に有間皇子の謀反が発覚する。(11) 謀反は天皇の牟婁温泉行幸中の飛鳥で起こっている。その年の一一月三日条によると、天皇行幸中の留守を守っていた蘇我赤兄が、有間皇子に天皇の失政を三カ条にしてあげつらったのである。その第一は大きな倉庫を立てて、そこに民財を集めていること、第二は長い水路を掘削して、その工事に公粮を消費していること、第三は船で石を運び、その石で丘を築くことである。

赤兄の指摘を聞いた有間皇子は、一時謀反を決意するが、不吉に感じて思いとどまった。しかし、その後赤兄に皇子の邸宅を囲まれて、牟婁《むろ》温泉に逓送《ていそう》され、藤白《ふじしろ》で刑に処されている。

ところで、赤兄が指摘した長い水路も石の丘も、公共事業であると思われる。その公共事業に人民の労働力を費やしていたので、有間皇子は不満に思っていたのだろう。ここで注目したいのは、その労働力に対して公費が消費されているのである。これは、人民を政府が雇用したことに対して支払われるまさしく雇直である。

それでは、その雇直の原資は何であろうか。それこそが、赤兄が第一の失政として指摘した、大きな倉庫に積み上げられた民財なのである。すなわち、租庸調《そようちょう》税制によって人民から収奪した税を原資として、雇役制を実施して、公共事業を行っていたのである。(12) 租庸調税制も雇役《こえき》制も、大化前代には存在しなかった制度である。それゆえ、これらの制度に対して、有間皇子をはじめとして多くの人々が、不満を感じたのであろう。ともあれ、大化改新詔からわずか一二年後に、早くも租庸調税制が実施されていたことを確認することができるのである。

†浄御原令制定までの経緯

このように、単行法令を積み重ねて、我が国は律令国家へと歩み続けたのである。そして、律令国家の必要性を実感させられる大きな事件が生じたのである。それは、斉明天皇七年から天智天皇二年まで続けられた百済救援軍である。とくに、天智天皇二年八月二八日条によると、百済を救援するために派遣された日本軍は、白村江《はくすきのえ》の海戦で唐と新羅の連合軍に完膚なきまでの敗戦を喫するのである。唐も新羅も律令体制を整えて、国力の強大化に成功していたのである。第一章で述べたように、敗戦後の天智天皇三年から、大海人皇子が政治に参加して、天智天皇との共治体制が成立した。当然のことながら、この共治体制が目指したものは、唐・新羅と同じような律令国家の成立であっただろう。

『大織冠伝《たいしょくかんでん》』によると、天智天皇七年に藤原鎌足の尽力によって、天智天皇は近江令を制定したことが記されている。[13] 上述のような経緯を考えれば、近江令の制定は十分にありうべきことであっただろう。実際に、近江令は制定されたとする説もある。[14] ところが、正史である『日本書紀』には、近江令制定のことは全く触れられていないのである。しかも、第一章で述べたように、百済救援軍の敗北により、天智天皇は豪族たちの怨嗟の声におびえていたのである。その天皇が律令を制定できたであろうか。第五章で述べたように、律令は豪族たちを官僚として序列化し、天皇権力の下に責任と義務を果たさせるものである。そのような律令を制定して、豪族たちに順守させることが可能であっただろうか。

政府にとって最も恐れるべきことは、順守される見込みのない法令を発布することではなかっただろうか。このような観点から、近江令の制定はなかったのではないかと考える。もちろん、天智天皇六年には、近江大津京遷都を終え、翌年には正式に即位していることから、天智天皇九年ならば、制定しえたと考えることも可能かもしれない。しかし、天智天皇一〇年正月五日条の太政官の構成をみると、太政大臣の大友皇子はともかくとして、左右大臣と三人の御史大夫は、それぞれ大豪族の代表者を抜擢し、豪族たちの勢力均衡に配慮しているのである。やはり、遷都や即位を果たせたとしても、豪族たちを完全に序列化することは、天智朝末年においても憚られたものと思われる。

近江令という統一的な法令群を制定することはしなかったと思われるが、可能な範囲で律令制度の導入は試みられたものと思われる。天智天皇三年の冠位制度の改革もその一つであろう。また、庚午年籍《こうごねんじやく》の作成もしかりであろう。さらに、壬申の乱の緒戦において、天武天皇は駅鈴の奪取を試みていることから、天智朝には駅馬の制度が整っていたことも分かる。

第五章でみたように、高市皇子は近江大津京に居を構えていた。『大織冠伝』によると、藤原鎌足も大津京に居を構えていた(15)。これらのことから、皇親や豪族たちの宮都への集住がかなり進んでいたと思われる。そのことは、皇親や豪族の伝領してきた私有地の剝奪がかなり進んでいたことを示しているといえるだろう。

それでは、浄御原令を制定することのできた天武天皇は、なぜそれを果たせたのであろうか。天智天皇は、斉明天皇の急逝によって突如政権を担当した。しかも、百済救援軍の敗戦の責任を強く感じざるを得ない立場にあった。そして、律令制導入を後退せざるを得なかった。これに対して、天武天皇は壬申の乱に勝利して皇位を奪取した天皇である。浄御原令を制定して豪族たちに責任と義務を押し付けたとすれば、豪族たちはやはり抵抗を感じたであろう。しかし、あからさまに抵抗したとしたならば、壬申の乱を勝利した天武天皇は、またもや武力を発動するかもしれないという恐れが常に伴っていたのである。壬申の乱に勝利し、武力によって天皇に即位したからこそ、天武天皇は浄御原令の制定に乗り出すことができたといえるだろう。

2　大宝令と浄御原令

†浄御原令の歴史的位置づけ

天武天皇が制定を目指した浄御原令は、持統天皇三年に完成し、施行された。そして、一二年後の大宝元年に、浄御原令に代わって新たに制定された大宝律令にとってかわられたのである。浄御原令によって、政治を行ったのは、持統朝と文武朝であったことになる。『続日本紀』大宝元年八月三日条によると、刑部親王をはじめとする大宝律令制定に携わった五人の官僚が褒賞されている。その際、「大略、浄御原朝廷を以て准正《じゅんせい》と為す」と記している。すなわち、浄御原令を基本とし、それを延長させたものが大宝律令だったというのである。[16]
これに対して、押部佳周氏は浄御原令は皇親政治を念頭に制定施行されたものであり、大宝令は貴族政権を念頭に制定されたとし、基本概念が異なるとされる。[17] そして、『続日本紀』がその施行に際して、「大略以浄御原朝廷為准正」と記したのは、「大宝令体制の主導者が円滑な質的変換を図るべくその表面を偽装した」とされる。これまで述べてきたように、皇親政治と称されるものは、大宝令体制の下での皇親の官僚化を図るための過渡的状態であり、両者に基本的な相違はなかったと考える。また、朝服の変遷をみても、浄御原令のそれと大宝令のそれは、若干の異なりがあるものの、基本的に継続していると考えるべきであろう。
ここで注目すべきは、藤原朝廷すなわち持統朝とはせずに、浄御原朝廷としていることである。浄御原令は、それを施行した持統天皇ではなく、制定を命じた天武天皇のものであると、『続日本紀』編者は理解していたのである。ところで、前掲の大宝元年八月三日条は、大宝律令制定の功労者に対する褒章記事であり、大宝律令の完成、あるいは施行を伝える記事ではない。これより以前の大宝元年三月二一日条には、すでに「始めて新令に依って、官名・位号を改制す」とみえ、この日以後浄御原令に基づく冠位はみられなくなる。したがって、大宝令制による官位令と職員令の施行はこの日ということになる。
しかしながら、大宝律令がこの日一斉に施行されたのではないようである。大宝二年二月一日条には、「始めて新律を天下に頒かつ」とみえ、律は令よりも遅れて施行されたことが分かる。また、大宝二年正月一〇日条には、「始めて紀伊国賀陁《かだ》駅を置く」という記事がみえる。先に述べたように、すでに天智朝には駅が配置されていたのである。ゆえに、これは大宝令制による初めての駅の設置という意味になるだろう。すなわち、駅馬の制度を定めた厩牧令《くもくりよう》の施行は、やはり少し遅れてなされたのである。大宝律令は、大宝元年三月二一日の官位令・職員令の施行に始まり、大宝二年にかけて順次施行されたものと思われる。

†行幸好きであった持統天皇

それでは、大宝令と浄御原令は、どれほど異なり、どれほど通底していたのであろうか。持統朝・文武朝の政治を詳細にみることによって、そのことを知ることができるものと思われる。持統天皇は、古代における歴代天皇の中でも、稀代の行幸好きであった。称制期間を含めて持統朝は一一年である。その在位中行った行幸は、都合四三回にも及び、とくにその中でも吉野行幸は三一回にも及んでいる。第三章で述べたように、吉野は彼女の皇后の地位を確固たるものにした地であり、吉野行幸を繰り返した要因もそこにあったと思われる(18)。

ところで、近年西本昌弘氏が、彼女の吉野行幸期間中に、節日の含まれていることを指摘された(19)。節日とは、養老令の雑令諸節日条に定められた、正月一日・七日・一六日・三月三日・

五月五日・七月七日と一一月の大嘗の日のことである。この日は官僚たちが拝朝して、天皇から節日の宴会（節会）を賜ることになっていた。持統天皇の吉野行幸をみると、持統天皇四年五月三日・同五年正月十六日・同年七月三日・同七年五月一日・同年七月七日に、それぞれ吉野に行幸しているが、その吉野滞在中に節日が含まれているのである。

西本氏は、「吉野の風物や食物を楽しみながら開放的な雰囲気で饗宴を催すためであった」と推測される。持統天皇の吉野の地に対する思い入れを考慮するならば、十分に考えられることであろう。このように考えると、養老令の諸節日条に類似した規定が、浄御原令にも存在したことになるのである。まさしく、このことは「大略、浄御原朝廷を以て准正と為す」という一例であるといえるだろう。

先にも述べたように、持統天皇は稀代の行幸好きで四三回も行幸している。称制の三年間は天武天皇の殯であったため、行幸は一切行っていない。浄御原令が施行され、正式に彼女が即位した持統天皇四年以後の八年間に四三回の行幸が繰り返されているのである。一年平均にすると、約五回という多さである。この四三回の行幸のうち、宿泊を伴う大規模な行幸は三五回にも及んでいる。先に触れた吉野行幸はすべて宿泊を要していたようである。また、持統天皇四年九月一三日に発駕した紀伊行幸は、同月二四日に還御《かんぎょ》しており、一〇日以上も都を留守にしていたことになる。さらに、彼女の退位後であるが、大宝元年九月一八日に発駕した文武天皇の紀伊国行幸は、その還御が一〇月一九日であり、一カ月以上も都を留守にしたことになる。この行幸には太上天皇である持統天皇も同道していることが『万葉集』から知ることができる。(20)

大宝令による天皇の権威の強大化

大宝律令・養老律令の制度下では、天皇の行幸は慎むべきものとして理解されていたようである。『続日本紀』には歴代天皇の行幸が網羅されている。その数は細大漏らさず数えれば一三〇回にも及ぶのである。しかし、宿泊を伴う実質的な畿外行幸は、わずかに六回だけに過ぎない。その理由は、天皇の権威が強大化したことによって、天皇親政の建前上、天皇は都を軽々に留守にできなくなってしまったからである。(21) 養老令の宮衛令車駕行幸条《ぐえいりようしやがぎようこうじよう》によると、天皇が行幸中には、宮廷の諸門は固く閉ざされ、留守官だけが通用門から出入りできるだけであった。このことは、『令集解』の本条をみると、大宝令の注釈書である古記にも言及されていることから、大宝令にも同様の規定のあったことが分かる。すなわち、天皇の行幸中はすべての官僚が宮中から締め出され、いかなる政務もとることができなかったのである。

さらに、儀制令車駕巡幸条によると、天皇が行幸に出発する時、及び還御する時は、五位以上の高級官僚が必ず勢ぞろいして、見送るかないしは出迎えなくてはならなかった。都を留守にする天皇に対する忠誠を示す儀式であったのだろう。ただし、「若し宿を経ずば、此の令を

用いじ」と但し書きがなされている。これほどまでに、宿泊を伴う行幸は慎まなくてはならない行為だったのである。(22)

ところが、持統天皇は在位中に三五回も宿泊を伴う行幸を行っているのである。しかも、持統天皇は、その六年七月九日から同月二八日まで吉野に行幸しているが、その間の七月一一日に、「使者を遣わして、広瀬と龍田を祀らしむ」とみえて、行幸中に政務が進行しているのである。さらに、その七年一一月五日から同月一〇日まで、やはり吉野に行幸しているが、その間の七日に、「耽羅《たむら》王子等に賜いものすること各差有り」とあり、政務が進行しているのである。

おそらく、持統天皇の行幸中に、政治を担う豪族たちが、天皇不在の都で、天皇の名のもとに政務を進行させていたものと思われる。すなわち、浄御原令では天皇親政の建前は存在したであろうが、大宝令や養老令ほどに徹底したものではなかったのである。このことから、浄御原令には宮衛令車駕行幸条や儀制令車駕巡幸条のような規定はなかったものと思われる。何よりも浄御原令にそのような規定があったとしたならば、持統天皇は宿泊を伴う三五回もの行幸を繰り返すことはできなかったであろう。

†節日・行幸の扱いにおける両者の相違点

このことは、浄御原令と大宝令とが通底していない一例であろう。なお、文武天皇は持統太上天皇とともに、大宝元年九月一八日に牟婁温泉に発駕し、約一ヵ月の長期にわたって行幸している。先に述べたように、この時点で大宝律令は完成しており、官位令と職員令はすでに施行されていた。しかし、律の施行と厩牧令の施行は大宝二年になってからのことであった。

完成した大宝令をみた文武天皇は、宮衛令や儀制令に相当する規定をみたであろう。そして、それらが施行されれば、天皇である限り、軽々な行幸がもはやできなくなることを知ったであろう。そこで、それらの規定が施行される直前に、一ヵ月にも及ぶ長期の行幸へと踏み切ったのであろう。すなわち、この行幸は、浄御原令に基づく最後の行幸だったのである。このように考えると、大宝令の宮衛令と儀制令に相当する法令群の施行は、この行幸を終えたのちのことと考えるべきであろう(23)。

ところで、西本氏の説を援用して、節日の扱いが大宝令・養老令と浄御原令では同じであると述べた。そして、西本氏はその節会が吉野で行われたことを推定された。ところが、『延喜式』の太政官式によると、正月元日の節会は朝賀を受けたのちに、宮殿内で行われることになっていた。また、正月七日の節会も「御所において」と明記されている。これらのことから、大宝令・養老令の下では、他の節会も含めて本来行幸先での節会を想定していなかったものと思われる。

それでは、浄御原令ではなにゆえ行幸先の吉野で行われたのであろうか。節日を含む吉野行幸を西本説に従って、先に列記したが、そのような行幸は、持統天皇七年七月の行幸が最後であり、以後も繰り返される吉野行幸には、節日が含まれなくなるのである。これは、翌年の藤原京遷都に大きく関係しているものと思われる。それまでの飛鳥板蓋宮では狭隘《きょうあい》すぎたのであろう。より広大な藤原京に遷都してからは、官僚たちを一堂に会する節会を新たな宮殿で執行することができるようになったものと考えられる。藤原京遷都後には、節日を含む行幸がなくなることから、浄御原令においても、大宝令・養老令の規定と同様であったものと思われる。行幸先の吉野で節会が催されたのは、宮殿設備の都合による便宜的なものだったと思われる。

以上、大宝令と浄御原令との異同について、節日と行幸の問題を通してみた。節日については、両者は通底していたといえるだろう。これに対して、行幸の扱いは異なっていたことが分かった。「大略、浄御原朝廷を以て准正と為す」の背景には、このような異同が存在したのである。このことを確認したうえで、天武天皇が制定を目指した浄御原令の内容について考えることにしたい。

3　浄御原令の内容

†戸令の条文

持統天皇三年六月二九日に「諸司に令一部廿二巻を班賜《はんし》する」とみえる。これが浄御原令の施行である。現存する養老令は全一〇巻三〇編目であるから、浄御原令が養老令に遜色ないほどの内容であったことが想像できる。この時から、大宝令が施行されたと思われる大宝元年ないしは二年までが、浄御原令の施行期間である。

その間に、浄御原令の編目が明示されているのは、持統天皇四年四月一四日条の考仕令《こうしりょう》と同年九月朔日条の戸令だけである。戸令については、養老令に四五カ条からなる同名の法令群があることから、これに相当すると考えることには議論を要さないであろう。それでは、浄御原令の戸令にはどのような条文があったのだろうか。浄御原令の戸令の存在を示す記事は、持統天皇四年九月一日条に次のように記している。

九月乙亥朔、諸国司に詔して曰く、凡そ戸籍を造るは、戸令に依る也と、

この命令によって庚寅年籍が作成されたことは有名である。このことから、養老令の戸令造戸籍条に相当する条文が存在したことが分かる。また、先に述べたように、斉明朝にはすでに

租庸調税制が施行されていたことから、その延長として、戸口の課税の管理をする必要上、戸主を明確にしなくてはならなかっただろう。それゆえ戸主条に相当する条文も存在したであろう。

もちろん、この史料からは養老令制と同様に、戸籍が六年一造であったかは分からない。[24] 大宝令制の造籍は、美濃国戸籍の存在から、大宝二年であることが分かる。それ以前の大宝元年二月二三日条には、「民と官の戸籍を勘える史等を任ずる」とみえる。これは明らかに大宝令制戸籍を造籍するための人事配置であろう。[25] すると、浄御原令戸令は、この日までに大宝令戸令に取って代わられたことになるだろう。

考仕令の条文

次に、持統天皇四年四月一四日条にみえる考仕令についてみてみよう。なお、考仕令という編目は養老令には存在しない。しかし、『令集解』考課令の古記の解釈には、考仕令の語がみえることから、大宝令では、養老令の考課令を考仕令と称していたことが分かる。ともあれ、同条には、次のように記されている。

庚申、百官人及び畿内の人、有位の者は六年を限り、無位の者は七年を限れ、其の上日を

以て九等に選定し、四等已上の者は考仕令に依って其の善最・功能、氏姓の大小を以て、量りて冠位を授けよ

これは、官僚の冠位を昇進させるための具体的な規定である。有位の者は監察期間を六年とし、無位の者は七年とし、出勤状況（上日）によって九段階に査定することになっている。そして、第四段階以上の者については、考仕令の規定に基づいて、その善行と功能及び所属する氏の大小を考えて、昇進すべき冠位を決定するというのである。

養老令の選叙令遷代条によると、「凡そ初位以上の長上官の遷代は、皆六考を以て限りと為せ」とあり、やはり六年間の考課期間が示されている。しかし、無位の者の考課期間を七年とする規定は養老令にはみえない。したがって、浄御原令にも遷代条に相当する独自の条文のあったことが分かる。また、その授ける冠位を勘案する根拠となる規定が考仕令であったことになる。そして、その判断基準が、善行と功能と氏姓の大小であった。この善行の基準については、養老令の考課令に、「徳義聞こえる者」「精慎《せいしん》顕《あきら》かなる者」「公平称すべき者」「恪勤《かくきん》懈《おこた》らざる者」と具体的に列記している。このことから、浄御原令の考仕令とは、養老令の考課令及び選叙令に相当する法令群であったと思われる。

ただし、考仕令では氏姓の大小をもが、審査基準とされていた。しかし、養老令の選叙令応《せんじょりょうおう》

遷条《せんじょう》によると、「凡そ選せんとするは、皆状迹を審らかにせよ、詮擬の日には先ず徳行を尽くせ、徳行同じくは、才用高き者を取れ、才用同じくは労効多き物を取れ」と規定されている。すなわち、審査期間における勤務状態（状迹）を審査せよとしている。そして、その審査基準は徳行によるものとしている。さらに、徳行が同じであれば、才能の高い者を、才能も同じであれば、勤務年数（労効）の長い者を取れと規定している。

そこには、氏姓のことは一切斟酌されていないのである。[26] このことから、浄御原令では豪族のあり方に過敏であったことが分かる。[27] 先に、浄御原令と大宝令の際立った違いとして、行幸の扱いが大きく異なることをみたが、族姓の扱いも大きく違っていたことが分かるのである。

†浄御原令にみる官位相当制

ところで、この考仕令による官僚昇進審査の記述に次いで、それぞれの冠位を有する者が着用すべき朝服の色が述べられている。これは、天武天皇一四年の冠位制に伴う朝服を、先にも述べたように大改正したものである。おそらく、浄御原令施行後、それに基づく大改正であったと思われる。このことから、浄御原令には、衣服令朝服条に相当する規定が存在していたことが分かる。

また、ここでは名称を天武天皇一四年冠位を引き継いだ冠位名称が列記されている。このことから、官位令に相当する法令も存在したであろう。さらに、同年七月五日には、太政大臣・右大臣をはじめとして、八省の官僚が一斉に任命されている。とくに、大臣の任命は天武朝になかったことである。先にも述べたように、官僚が就任した官職の職掌が、浄御原令には明記されて、それぞれの官職の職権と義務が明記されていただろう。このことから、職員令に相当する法令群も存在したと思われる。

持統天皇八年三月一一日条によると、「凡そ無位の人を以て郡司に任ずれば、進広弐を以て大領に授け、進大参を以て小領に授く」とみえる。これは、明らかに郡司の職に対する官位相当制であろう。ただし、養老令選叙令の郡司条では「其れ大領には外従八位上、少領には外従八位下に叙せよ」とある。進冠は令制の位階の初位に相当することから、浄御原令における郡司の扱いは、若干低く設定されていたことになる。また郡司に対する冠位規定の施行が浄御原令の施行を命じてから五年も後になっているのである。

先に、考仕令による官僚の昇進に関する詔をみたが、そこには「百官及び畿内の人」と明記されていた。このことから、浄御原令には当初から官位相当制によって、冠位と官職は制度として連動していたのであろう。ただし、当初は中央官司の官僚と畿内の人に対してのみ施行され、五年を経て地方郡司にまで及ぼしたものと思われる。

以上みてきたように、浄御原令における史料上確認できる編目は考仕令と戸令だけである。

しかし、持統天皇三年から大宝二年に至るまでの史料を詳細にみると、養老令の戸令・選叙令・考課令・官位令・職員令・衣服令に相当する法令群が存在したものと思われる。さらに、第五章でみたように、浄御原令施行後に神祇伯がみえることから、神祇令も存在したであろう。もちろん、私が見落とした史料があるかもしれない。また、史料上にみえない史料もあることだろう。養老令の一〇巻に対して、浄御原令が二二巻であることからみても、浄御原令は、かなり成熟した内容の法典であったといえるだろう。

4　天武朝の律令的諸規定

†皇子らの努力による急速な法整備

浄御原令は、かなり成熟した法典であったと思われる。そして、そのような法典が、その編纂が命じられた天武天皇一〇年から、忍壁皇子らの努力によって、持統天皇三年までの間に急速に整備されたのであろうか。

浄御原令の編目である考仕令が、養老令の考課令・選叙令に相当する法令群であったことをみたが、それは浄御原令の編纂の過程で編み出されたものなのだろうか。天武天皇七年一〇月二六日条によると、「公平にして恪懃の者は、其の優劣を議れ」とある。まさしく、考課令の「公平称すべき者」「恪勤懈らざる者」と通じる評価項目である。そして、進めるべき階を定めて「法官に送れ」は、選叙令応叙条の趣旨に全く合致している。

もちろん、浄御原令では、考満（官僚の勤務成績を考課する期間）が有位であれば六年、無位であれば七年と決められており、優劣を九等に評価する規定もあったが、そのことは天武紀からは知ることができない。しかし、考満期間や等級が明示されない限り、天武紀のこの条文は、実施されなかったはずである。

その意味で、天武朝には浄御原令考仕令の考満期間や等級とは、異なっていた可能性はあるが、必ずや規定されていたと思われる。すなわち、浄御原令考仕令の規定は、天武朝において、浄御原令編纂開始以前から実際に文武官の考課・選叙を行っていた規定を土台として成立した条文であると考えるべきであろう。第二章において、天武天皇時代を概観したが、このような観点で天武紀を見直すならば、考仕令の原点が、天武七年一〇月二六日条にあったように、浄御原令の原点となる命令をみることができるのではないだろうか。(28)

このことは、朝服の色を定めた規定についても言えることである。養老令衣服令朝服条では、官僚が着用する位階別の朝服の色が、厳格に定められている。持統天皇四年四月一四日条によると、やはり朝服の色が定められている。これが浄御原令に記されていた朝服条の規定であろう。そして、これは先にも述べたように、天武天皇一四年冠位制を定めた際の朝服の色を大幅に改正した規定なのである。すなわち、天武天皇一四年の冠位制定の際の朝服規定を土台として、浄御原令の朝服条が成り立っているのである。

†天武朝における律令的な諸規定の集大成として

第二章で、天武天皇の時代を概観したが、このような観点で天武紀を読むと、浄御原令の編纂に踏み切る前であるにもかかわらず、後代の律令の規定に類似した条文をみることができるのである。たとえば、天武天皇五年正月二五日条に、畿内・陸奥・長門以外の国司には大山位以下の者を任ぜよという規定があるが、これは令制官位令に基づく官位相当制を意味しているものと思われる。先に議政官が任命されなかった天武朝においては、議政官たる大臣の職務規定がなかったのだろうと推定したが、大臣以外の職名とその職責を明記した職員令も存在し、職制と冠位の対応が、すでに天武朝には存在したことを知ることができる。

天武天皇五年五月三日条では、調を中央政府に収める期日を過ごしてしまった国司が叱責されている。このことから、天武朝には調の負担を国民に求め、地方国司がそれを取りまとめて中央政府に収めるという養老令賦役令調庸物条に相当する規定が存在していたことが分かるのである。また、すでに斉明朝には租庸調税制が施行されていたことを述べたが、租の収奪の前提として、虎尾俊哉氏の言われるように、口分田の班給が行われていたはずである。[29] したがって、田令に相当する法令群も存在したであろう。さらに、天武天皇五年九月一日条に、降雨のため告朔を行わなかったことが記されているが、第二章で述べた通り、天武朝では告朔が恒例化していたことが分かる。このことから、儀制令文武官条《ぎせいりょうぶんぶかんじょう》に相当する規定があったことも分かる。

また、天武天皇八年八月一日条には氏女の徴発の規定がみえるが、これが令制の後宮職員令氏女采女条に相当する規定であろう。後宮は皇后の居住する宮殿であり、後宮職員令は、その宮殿に勤務する職員に関する法令群である。第三章で述べた通り天武天皇八年五月五日の吉野の盟約によって、菟野皇女は皇后となった。皇后となった彼女のために後宮が整備され、職員が配置されたのであろう。そして、これが養老令の後宮職員令の淵源となったと思われる。[30] なお、天武天皇八年一〇月一三日条・同年一〇月是月条及び同一二年三月二日条には、僧尼令にかかわると思われる条文がみえる。[31] これらについては、第八章で詳しくみることにしたい。

以上、天武紀にみえる律令的な規定の存在をみた。先に浄御原令施行時の史料から、養老令に相当する七つの編目（神祇令・戸令・選叙令・考課令・官位令・職員令・衣服令）の存在したことを指摘したが、天武紀の記述を通して賦役令・田令・儀制令・後宮職員令・僧尼令に相当する編目も備えていたのではないかと推定することが可能であろう。すでに第二章で述べたが、これらの規定の存在を伝える記事は、令制と類似はしているが、異なった要素を包含していることから、明らかに令文による潤色ではないと思われる。そして、それらのいずれもが、天武天皇が浄御原令の編纂を命じた天武天皇一〇年二月二五日よりも以前にみられるのである。

このように、天武紀における律令的な諸規定の存在を確認するならば、浄御原令の編纂が命じられるよりも以前から、律令的な規定は天武天皇によって発せられていたことになる。それらは、必要に応じて、単発的に発せられたものであろう。すなわち、浄御原令は、天武朝において単発的に発せられた律令的な諸規定の集大成であったと評することができるだろう。

もちろん、天武朝の諸規定がそのまま、浄御原令に書き写されたのではないだろう。天武朝の朝服の規定と浄御原令の規定では、大きく異なっていることからもそのことは分かるだろう。しかし、それまで臣下を超越して存在した皇親を、天皇の下に朝服によって視覚的にも序列化しようとした天武朝の規定を土台にしていたことは間違いないだろう。

天武朝の律令的諸規定は、それが単発的に出されたものであったから、その都度変更を加えることも比較的容易だったことだろう。そのような変更を加えながら、より大宝令に近づきながら、浄御原令として集大成されたものと思われる。

5 本章のまとめ

本章では、天武天皇と律令国家の関係について考えた。わが国の律令国家の完成を、大宝律令の完成した大宝元年と位置づけた。そして、その成立に向けての起点を、隋の中原統一、新羅の律令制導入による強大化など、東アジアの国際環境から、推古朝であろうと提起した。

このような過程の中で、兄の天智天皇さえもなしえなかった律令国家への歩みを、天武天皇は強力に推し進めたのである。その背景には、天智天皇が百済救援戦争の敗北と、斉明天皇の急逝を受けて、急遽即位したため、敗戦の責任を問われる立場にあったのに対して、天武天皇は壬申の乱に勝利して、皇位を奪取したからであろうと考えた。すなわち、天皇家の強大化に抵抗する豪族たちにとって、天武天皇はいつ武力を発動するかもしれない存在であり、あからさまな抵抗を躊躇せざるを得なかったのである。

我が国の律令法典の嚆矢《こうし》である浄御原令は、持統天皇によって班賜されたが、それは天武天皇の遺志によるものと考えた。そして、浄御原令と大宝令の異同について考察した。その結果、節会に関しては通底する面があったが、行幸に関する諸規定は大いに異なる点のあることを指摘した。その背景には、天皇親政の未成熟があったものと考えた。

次いで、浄御原令の内容について、持統紀及び文武紀の記述によって考察するとともに、天武紀における律令的諸規定からも考察を試みた。その結果、浄御原令には、養老令の編目のうち、一一編目にわたる法令群の存在したことを確認した。養老令一〇巻に対して、浄御原令は二二巻であり、量的にも内容的にも、かなり成熟した法典であったと推測した。そして、それらは、天武朝に単行法令として発せられた律令的な諸規定を集大成したものであろうと提起した。

ところで、浄御原令の考仕令と思われる持統天皇四年四月一四日条をみると、官僚の族姓が昇叙の重要な項目として挙げられている。これに対して、養老令の選叙令・考課令は、族姓を全く考慮していないのである。壬申の乱に勝利し、皇位を簒奪した天武天皇ではあったが、なお、大豪族に配慮を忘れなかったのだろう。大宝令は「大略、浄御原朝廷を以て准正と為す」としながらも、大宝令と異なる大きな点は、このことであったのだろう。

注

（1）吉田孝「8世紀の日本」（『岩波講座日本通史』第四巻、一九九四）は、大宝律令の完成を、「中央集権国家の青写真が完成した」と評価している。

（2）大化改新の存在を否定的にみる代表として、門脇禎二『「大化改新」史論』上・下（思文閣、一九九一）がある。

(3) 大化改新の存在を肯定的にみる代表として、坂本太郎『大化改新の研究』(至文堂、一九四三)がある。
(4) 聖徳太子伝説については、大山誠一「〈聖徳太子〉研究の再検討」(『長屋王家木簡と金石文』第三部、吉川弘文館、一九九八)、同「〈聖徳太子をめぐる若干の問題」(同)、「〈聖徳太子〉をめぐる若干の問題(その2)」(『日本古代社会の展開』塙書房、一九九八)が、それが史実とはいえず、仮託された伝説であると力説する。
(5) 朝鮮半島三国時代の動向については、梶村秀樹『朝鮮史』(講談社現代新書、一九七七)による。
(6) 随帝国の成立概要については、谷川道雄『世界帝国の形成』(講談社現代新書、一九七七)による。
(7) 黛弘道「冠位十二階考」(『律令国家成立史の研究』吉川弘文館、一九八二)参照。
(8)『隋書』は「日出づる処」と表記し、『日本書紀』は「東の」と表記し、互いに異なるが、日本で早くから親しまれていた仏典の『大智度論』では、「日出づる処は是れ東方」とあり、表記は異なるが同じ意味であると考えることができる。
(9) 天武天皇一四年五月一九日条に、「甲子に、直大肆粟田朝臣真人、位を父に譲る、然に勅して聴さず」とみえる。
(10) 大化の改新詔の評価については、北山茂夫『大化の改新』(岩波新書、一九六一)参照。
(11) 有間皇子事件の経緯については、拙稿「有間皇子事件の再検討」(『古代熊野の史的研究』塙書房、二〇〇四)参照。
(12) 加藤友康「日本古代における労働力編成の特質」(歴史学研究別冊特集『地域と民衆』一九八一)は、ここに示されている「公粮」を、雇直に相当するほど十分なものであったかという疑問の下に、「資養料」ではなかったかとする。しかし、雇直が人民が提供する労働に対しての正当な対価とは言いがたい面もあることから、私は雇直と判断したい。
(13)『大織冠伝』(『寧楽遺文』所収、「家伝上」)によると、「此れより先に、帝大臣をして令義を撰術し、律令を刊定せしむ」とある。
(14) 押部佳周「近江令の成立」(『日本律令成立の研究』塙書房、一九八一)参照。

(15)『大織冠伝』(『寧楽遺文』所収、「家伝上」)によると、「十六日辛酉に、淡海之第に薨ず、時に年五十有六」とみえ、鎌足は近江大津京に邸宅を持ち、そこで薨去したことが分かる。

(16)浄御原令と大宝令の異同については、滝川政次郎『律令の研究』(名著普及会、一九八八)・野村忠夫「大宝令の成立」(『律令政治の諸様相』塙書房、一九八七)が基本的に通底していると評する。一方、直木孝次郎「大宝令前官制についての二、三の考察」(『古代史論叢』吉川弘文館、一九七八)は官僚制度の面からみると、かなりの異なりがあることを指摘している。ただしいずれの説も、両者を律令制の発展段階の一こまとしてとらえられていると思われる。

(17)押部佳周「「大略以浄御原朝廷為准正」の意義」(『日本律令成立の研究』前掲注14)参照。

(18)拙稿「鸕野皇女と吉野の盟約」(『古代天皇制史論』創元社、一九八八)参照。

(19)西本昌弘「天武・持統天皇の吉野行幸と宮滝遺跡」(『上代文学』一二五、二〇二一)参照。

(20)『万葉集』巻一‐五四番の題詞には、「大宝元年辛丑秋九月、太上天皇幸于紀伊国時歌」とある。

(21)拙稿「古代の行幸と和歌浦」(『日本文化史論集』(有坂隆道先生古稀記年会、一九九二)参照。

(22)本条に関しても、『令集解』の本条をみると、大宝令の注釈書である古記にも言及されていることから、大宝令にも同様の規定のあったことが分かる。

(23)拙稿「持統天皇の牟婁温泉行幸」(『熊野』一六〇、二〇二一)参照。

(24)岸俊男「造籍と大化改新」(『日本古代籍帳の研究』塙書房、一九七三)は、庚午年籍以来、造籍は六年一造の規定があったと推定する。

(25)虎尾俊哉「浄御原令の班田法と大宝二年戸籍」(『史学雑誌』六三‐一〇、一九五四)は、大宝二年西海道戸籍に記載されている受田積は、浄御原令の規定によってなされているとされる。

(26)もちろん、大宝令においては、建前上族姓は斟酌されてはいないが、青木和夫「浄御原令と古代官僚制」(『古代学』三‐二、一九五四)に記すように、大宝令制下において族姓が全く顧慮されなかったわけではないだろう。

(27) 野村忠夫「天武・持統朝の官人法」(『律令官人制の研究』吉川弘文館、一九七〇)は、この「族姓」を八色姓であり、その制定には旧来の大豪族が占有していた冠位・官職を他の豪族にも開放する意図があったとされる。その意味では、浄御原令の官人制は律令官人制への過渡的状態だと位置づけることができる。

(28) 野村忠夫「天武・持統朝の官人法」(前掲注27)も、天武七年一〇月二六日条と浄御原令考仕令の密接な関係を想定している。

(29) 虎尾俊哉「浄御原令に於ける班田収授法の推定」(『班田収授法の研究』(吉川弘文館、一九六一)参照。

(30) 天武天皇二年の后妃子女列記記事に、菟野皇女を皇后と記しながらも、氏女の徴発が吉野の盟約直後まではなされていないことからも、吉野の盟約が彼女の立后にかかわるものであったことを証左しているといえるだろう。

(31) 薗田香融「国家仏教と社会生活」(岩波講座『日本歴史』四、一九七六)は、浄御原令における僧尼令の存在を否定的にみるが、二葉憲香『古代仏教思想史研究』(永田文昌堂、一九六二)は、肯定的にみている。

第八章　天武天皇と仏教政策

白鳳《はくほう》期は、仏教が飛躍的に全国に波及した。私は、その波及の要因を、斉明・天智朝に断行された百済救援軍の派遣ではないかと考えている。(1) 天智天皇の営んだ近江《おうみ》大津京《おおつきょう》の宮中には、仏殿が設けられていた。(2) しかし、『日本書紀』をみる限りにおいて、天智朝の仏教関係記事は極めて希薄である。

称制期間を入れて、天智紀一〇年間における仏教関係記事は、総じてわずかに八件に過ぎない。(3) これは、一年当たり一件弱という割合になる。持統朝になると、仏教関係記事はかなり多くなる。(4) しかし、一年当たりの件数では、天武紀には及ばない。それに対して、天武朝の仏教関係記事はかなり豊富である。天武紀上下巻の記載は、天武天皇元年の壬申紀から、彼が崩じる朱鳥元年まで一五年にわたっている。そのうち仏教関係記事は、管見に入るところ六九件に達している。これは、一年当たり約五件という割合になる。天智朝では爆発的な仏教の普及を呈した。(5) これを受けた天武朝は、仏教をどのように捉えていたのであろうか。

私が、天武天皇と仏教の関係にことさらにこだわるのは、天武天皇が龍潜《りゅうせん》の時に明らかに出家しているという事実に着目するからである。これは、天智天皇の臨終に際して、自らの保身のために、緊急避難的に出家したのであり、決して正真正銘の出家とはいいがたいとの見方もあろう。

しかし、出家を申し出た大海人皇子の提案に対して、応諾した天智天皇及び近江方の官僚たちが、出家を濁世から離れることであり、政権に固執しないことを意味しているということを理解していたことは間違いないだろう。だからこそ、大海人皇子の吉野入りを「虎に翼を着けて放てり」といいながら[6]も、看過しなくてはならなかったのである。その意味で、天智朝の仏教関係記事は希薄ではあるが、天智朝の宮廷には、確かに仏教が浸透していたといえるであろう。

しかも、『日本書紀』持統天皇即位前紀の天智天皇十年十月条には、「沙門天渟《あめぬ》中《な》原瀛真《はらおきま》人《ひと》天皇」と記されているのである。天武天皇の後を受けた持統天皇が、天武天皇をまさしく出家者とみなしているのである。それでは、出家者である天武天皇は、その治世下において仏教に対してどのように対処したのであろうか。

先述のように、天武朝の仏教関係記事は、他の巻に比べて極めて豊富である。しかし、壬申紀では飛鳥寺が戦闘の舞台となったことや（天武天皇元年六月二十九日是日条）、天武天皇の殯宮に僧侶が発哀に訪れたこと（朱鳥元年九月二十七・二十八・二十九・三十日各条）などがあり、そこからは天武天皇の仏教政策をうかがい知ることはできない。

また、天武紀を通じて、僧尼が天皇からの見舞いを賜ったり（天武天皇九年七月二十日条）、賜物を受けたりしている記事（天武天皇八年三月二十二日条）がみられる。このことから、天武朝において、僧尼はかなりの厚遇を受けていたことが分かる。しかし、それがどのような政策に依るものかを知ることはできない。

これに対して、天武紀には明らかに仏教の統制に係ると思われる記事もみられる。仏教統制に関しては、律令の僧尼令が存在する。これと天武紀の統制記事とを比較することによって、天武朝の仏教政策の方向性の一端を知ることができるのではないだろうか。本章ではこのような問題意識の下に、天武天皇の仏教政策のうち、とくに仏教統制政策をみてみることにしたい。

1　天武紀にみえる仏教統制政策

†仏教統制政策の時系列的な流れ

天武紀には、仏教関係記事が先述のごとく多数みられる。そのうち、明らかに仏教統制政策をうかがわせると思われる記事を、時代を追って抽出すると次の通りになる。

①天武天皇二年一二月二七日
戊申、義成《ぎじょう》僧を以て、小僧都《しょうそうず》と為す、是日、更に佐官二僧を加える、其れ四佐官有るは、此時より始まれる也、

②天武天皇八年一〇月一三日
庚申、勅すらく、僧尼等の威儀及び法服之色、并せて馬・従者の巷閭を往来するの状を制す、

③天武天皇八年一〇月是月
是月、勅して曰く、凡そ諸の僧尼は、常に寺内に住み、以て三宝を護れ、然るに或は老に及び、或は病を患い、其れ永く狭き房に臥し、久しく苦老疾に苦しむ者は、進止も便ならず、浄地も亦穢《けが》る、是を以て、自今以後、各の親族及び篤信の者に就きて、而して一二の舎屋を間處に立て、老至は身を養い、病みたるは薬を服せ、

④天武天皇一二年三月二日
三月戊子朔己丑、任僧正・僧都・律師を任ず、因て勅を以て曰く、僧尼を統領すること、法の如くせよ、云々、

⑤天武天皇一三年閏四月二四日
乙巳、飛鳥寺に坐す僧福楊《ふくよう》以て獄に入る、庚戌、僧福楊自ら首を刺して死にぬ、

天武紀にみえる仏教統制記事は、管見に入るところ以上の五件に過ぎない。上述のように、天武期の仏教関係記事は、他の天皇紀に比べても非常に多い。しかし、仏教統制に関する記事は、たったの五件に過ぎない。とはいえ、前後の天智紀や持統紀には、仏教統制に関する記事は皆無に等しい。その意味で、天武期の仏教統制記事は、たった五件ではあるが、比較的多いと判断することができるだろう。この五件の記事について、史料に即して、その意図するところを推し量ってみよう。

†僧綱の任命

天武紀の最初にみえる仏教統制記事は①である。これは壬申の乱翌年の一二月二七日に、義成という僧侶を小僧都に任命したものである。そして、同時に佐官の定員を二人増員して、倍の四人にしたというものである。そして、この時初めて僧綱の佐官が四人配置になったというのである。

小僧都をこの日任命したというのであるから、すでに大僧都は存在していたものと考えてよ

いだろう。したがって、僧都の上位に位置する僧正も存在していたと理解すべきであろう。また、小僧都に次ぐ律師については、この記事からは判然としない。律師については敏達紀六年一一月一日条に百済から律師が献上された記事がみえる。また、崇峻紀元年是歳条にも百済から聆照律師《りょうしょうりつし》が献上されている。しかし、それらの律師がその後仏教界でどのように扱われていたかを知ることはできない。

　奈良時代になっても、戒律の師を唐に求めて、鑑真和尚を招聘していることを考慮するならば、天武朝においても律師は不在であった可能性も考えられるだろう。また、任官者がいたとしても、後代の律師と同様の権能を有していたかは定かとは言えない。ただ、僧正・僧都・律師は、僧尼の取り締まりに当たる僧官である。また、律師は戒律の師であり、その資質が後世のものと同一視できないとしても、天武朝が仏教統制の必要性を感じていたのであれば、それなりの律師は任命された可能性はあるだろう。このようなことから、この記事は、僧尼の統制政策に係る記事としてとらえることができるだろう。

　ただ、この時の小僧都の任命は、それまでの僧綱《そうごう》人事を、壬申の乱後に修正したものに過ぎないのかもしれない。このように考えると、僧綱は天智朝から存在したと考えることもできる[7]。しかし、注目すべきは、この時同時に、佐官が二人から四人に増員されていることである。佐官とは僧綱を支える僧官である。したがって、その定員が倍増されていることにはとくに注目すべきであろう。すなわち、僧綱を支える佐官の定員が倍増されているということは、僧尼を取り締まる僧綱の事務量が、天武朝になっていきなり倍増したことを意味していると理解することができるだろう。その意味で、天智朝から存在していたかもしれない僧綱に、天武朝になって新たな職責が付加されたと考えることができる。

なお、これに関連して、④の記事がある。これは、この日僧正・僧都・律師の任命を行ったものである。同時にここでは、明らかに僧正・僧都だけでなく、律師が明示されている。そして、ことさらに勅を下して、僧尼の統制（統領）は「法の如く」せよと命じている。ここでいう「法」とは、後代の僧尼令のような整備された正文法なのか、それとも慣習法なのかは分からない。しかし、『日本書紀』の編者をして、そのように表現せしめるほどに、天武朝には「法」と表現される一貫した仏教政策が存在したことは、間違いないものと判断してよいだろう。そして、その政策の実態は、天武朝の仏教政策と思われる天武紀の記述を、各個検討することによってのみ復元できるものと思われる。

†僧尼の生活についての細かい規定

次に②であるが、これは、僧尼の装い及びその着用する法服の色、並びに馬や従者を従えて巷間を往来する際の作法を定めている。一般的に僧尼令では、僧尼は在家者よりも優遇されているといわれている。(8) また、天武朝においても、先にも述べたように、天皇からの見舞いを受け、大量の賜物を受けており、優遇されていたことはたしかであろう。ただ、それら僧尼を官人とどのように対応させるかは、僧尼を遇する際の喫緊の課題であったと思われる。また、装いや法服の色を定めることにより、官僧と私度僧とを判別する意図もあったものと思われる。

また、③は僧尼の活動の場を、寺院内に限定するという規定である。すなわち、恣意的な場所での修行や教化が禁じられているのである。ただし、これには例外規定があり、老人・病人に関しては別に房舎を設け、看病のものを附属させ、医薬を与えて看病するというものである。これは僧尼に対する厚遇策とみることもできる。しかし、僧尼が老い病んだとしても、政府の管理下に置かれるということをも意味しているものと思われる。

最後に⑤であるが、飛鳥寺の僧福楊が罪を得て入獄させられ、その五日後に獄中で自らの首を刺し抜いて自死したというものである。先述の通り、天武朝では僧尼は厚遇を受けていた。しかし、犯僧に対しては、厳格に対処していたことの分かる記事である。ところで、福楊の罪状は分からない。しかし、彼の死を「僧福楊、自ら首を刺して死にぬ」とあることから、彼は罪を犯しながら、僧籍のままで入獄させられていたことが分かる。これは、養老令制度下における犯僧の扱いと比べると、極めて異なった状況ではないかと思われる。このことについては、後に改めて検討したい。

以上、天武紀にみえる仏教統制政策を表わす記事を、史料に即して概観した。わずかに五件であるが、天武朝における「法」に基づいた命令あるいは処分であると思われる。そこで次に、これらの「法」が律令法制下の制度とどれほど異なり、あるいは通底しているのかを、僧尼令の条文と比較してみよう。

2　天武朝の仏教規定と僧尼令

†数多くの禁止事項

僧尼令は、一見して律ではないかと思われるほど、禁止事項が多くみられる。(9) 天武朝の仏教統制記事をみても、やはり主として禁止事項や統制のための処分などがみられる。その点で、天武朝の仏教政策と僧尼令は総体的にみて、通底しているものがあるといえるであろう。そこで、以上にみた天武朝の仏教統制策を、後代の僧尼令の条文と対比してみよう。

まず、①と④は、僧綱の任命に関する記事である。僧尼令の任僧綱条によると、次のように規定されている。

凡そ僧綱任ぜんは、謂はく、律師以上をいふ、必ず徳行ありて、能く徒衆を伏せむ、道俗欽ひ仰ぎて、法務に綱維たらむ者を用ゐるべし、挙《あげ》せむ所の徒衆、皆連署して官に牒せよ、若し阿党朋扇《あとうほうせん》して、浪りに無徳の者を挙すること有らば、百日苦使、一任以後、輙《たやす》く換ふることを得じ、若し過罰有らば、及び老い病みて任ぜざらば、即ち上法に依りて簡び換へよ、

律師以上の僧綱を任命する際は、徳行があって、僧尼たちが等しく尊敬する人物を、僧尼たちが連署して推薦すべきであると規定している。天武朝における①や④が、このような手続きによって任命されたものかを、詳しく知ることはできない。しかし、律師以上を僧綱としている点は一致している。ただ、天武朝における「法」に基づいて任命されたことは確かであろう。その意味で、任僧綱条とまったく一致するものではなかったにせよ、任僧綱条に相当する規定はあったものと考えてよいだろう。[10]

次に②は僧尼の装いや法服の色と、あわせて巷間往来の作法を定めている。僧尼の装いや法服の色については、聴着木蘭条《ちょうちゃくもくらんじょう》に次のように規定されている。

凡そ僧尼は、木蘭、青碧、皂、黄、及び壊色等の衣着ることを聴せ、余の色、及び綾、羅、

錦、綺は、並に服用すること得じ、違へらば各十日苦使、輙く俗衣着せば、百日苦使、

僧尼令では、僧尼の着用する法服の色と材質が事細かに決められている。『令集解《りようのしゆうげ》』の同条に引用する古記にも、ほぼ同様の色が列記されており、大宝令僧尼令にも同様の規定があったことを知ることができる。(11) しかし、天武朝の規定では、詳細な色や材質については言及されてはいない。もし天武朝の規定が、令文による潤色であれば、おそらく令文と同様の色や材質を列記したであろう。その意味で、天武紀の記述は独自性があるとみることができるだろう。ともあれ、天武朝では色や材質は不詳であるが、確かに聴着木蘭条に相当する規定が存在したとみることができるであろう。

†巷間往来の作法と活動の制限

一方、僧尼の巷間往来の作法については、遇三位已上条がある。そこに次のような規定がみえる。

凡そ僧尼、道路にして三位以上に遇へば隠れよ、五位以上には、馬を斂へて相ひ揖《ゆずり》して過せ、若し歩ならば隠れよ、

路上で、三位以上の官人に遭遇した場合は、道を譲り身を隠せと規定されている。[12]一方五位以上の官人と遭遇した場合は、馬を降りて手綱を引き会釈をするが、徒歩であれば、道を譲り身を隠せと規定している。『令集解』同条に引用する古記にも同様のことがみられることから、[13]大宝令にも同様の規定があったものと思われる。ただ、天武朝の規定では、「馬・従者の巷閭往来の状」と記されているだけで、具体的な所作については言及されてはいない。しかし、令文とは異なっていたかもしれないが、天武朝においても、養老令遇三位已上条に相当する僧尼の巷間往来の作法が明示されていたことは確かなことであろう。

次に③は、僧尼の居所を寺院内に限ると規定している。これに関しては、僧尼令非寺院条に次のような規定がある。

凡そ僧尼、寺の院に在ずして、別に道場を立て、聚衆《しゅうしゅう》教化し、幷せて妄りに罪福を説き、及び長宿を殴撃《おうげき》せば、皆還俗《げんぞく》せよ、国郡官司、知りて禁止せずんば、律に依りて罪を科せよ、其乞食の者有らば、三綱連署して、国郡司を経て精進練行を勘知して、判許せよ、京内は仍《よ》りて玄蕃を経て知らしめよ、並に午より以前に、鉢を捧げて告げ乞ふべし、此に因りて更に余の物を乞ふことを得ざれ、これは、僧尼の活動を公許された寺院内に限定するという規定である。したがって国家の関知しない寺院を建てて、人々を教化することは禁じられている。また、托鉢《たくはつ》（乞食）も国家の厳格な関知の下でしか行えないとしている。これに対して、天武朝の規定も同様に、僧尼の活動を寺院内に限定している。しかも、老いや病に罹っても、その僧尼は国家の管轄範囲内に厳格に置かれているのである。このように考えると、非寺院条の原型はすでに天武朝に存在していたとみることができるであろう。

†犯僧に対する刑罰について

最後に、⑤の犯僧の入獄・自死についてみてみよう。先述の通り福楊という僧の詳しい罪状は分からない。しかし彼は、僧籍のままで入獄されている。僧尼令によるならば、犯僧の処遇は准格律条で次のように規定されている。

凡そ僧尼犯有らば、格律に準じて、徒一年以上に合へば、還俗せよ、告牒《こくちょう》を以て徒一年に当つるを許せ、若し余罪有らば、自ら律に依りて科断せよ、如し百杖以上は、杖十毎に苦使十日、若し罪還俗に至らず、及び還俗すべしと雖も未だ判訖らずは、並びに散禁すべし、如し苦使の条制の外に、復罪を犯して還俗に至らずは、三綱仏法に依りて事を量りて科罰せよ、其れ還俗、幷せて罰を被むるの人は、本寺及び衆事に告することを得じ、若し謀大逆、謀叛、及び妖言して衆を惑わすは、此の限りに在ず、

これによると、犯僧に対する刑罰の処し方について、律令との対応関係が明示されている。徒罪一年以上の罪を犯せば還俗させるというものである。その場合、僧尼であることの証明書である告牒を返還することによって、徒罪一年が免除されることになっていた。また、百杖以下の罪であれば、十杖を苦使十日に換算することになっていた。すなわち、僧尼は、還俗させられるか、僧籍のままで本寺において苦使されるかのいずれかになることになる。天武朝の福楊の場合は、僧籍のままで入獄させられていたことになり、律令の規定とは大いに異なることになる。

これについて、三浦周行《ひろゆき》氏は『令集解』に引く古記の記述を参考にして、大宝令の准格律条では、養老令とは異なり、還俗による免除規定はなく、もっぱら「依常律推断《じょうりつによりすいだん》」とあったとされた(14)。すなわち、天武朝において僧籍のまま入獄させられていた福楊は、大宝令の准格律条と同様の規定に基づいて処分されたものと考えることができるだろう。このことから、天武朝の仏教政策は、大宝令僧尼令准格律条の先駆をなすものであったとみることができるだろう。

もちろん、大宝令僧尼令や天武朝の准格律条《じゅんきゃくりつじょう》に相当する規定によるならば、犯僧はもっぱら常律に依って処罰されたのである。したがって、養老令僧尼令の准格律条にあるような、告牒を以て徒一年を免除するとか、あるいは十杖を苦使十日に換算するというような、律との換算を示す文言はなかったものと思われる[15]。このように考えると、同様に、苦使の詳細な内容を列記した修営条も、大宝令や天武朝の規定には存在しなかったと考えるべきだろう。

以上、天武朝の仏教政策を、五件の記事をもとに検討した。その結果、律令制度下の僧尼令の任僧綱条・非寺院条・聴着木蘭条・遇三位已上条・准格律条の五箇条に相当する規定がすでに、天武朝に存在したことが明らかになった。しかも、それは、大宝僧尼令の祖型となる形で存在していたと思われる。

3　その他の推測できる統制策

†外国寺条と外国の仏教

福楊は、天武十三年に、俗律に依って入獄させられていた。ところで、犯僧の処分として、律令制下では、外国寺条《げこくじじょう》がある。令文によると次の通りである。

凡そ僧尼、百日苦使を犯すこと有らば、三度を経たらば、改めて外国寺に配す、仍りて畿
内に配入することを得ざれ、

百日の苦使が三度に及べば、畿外の寺院に左遷されるという規定である。これは、苦使刑の延長線上に位置づけられ、その最も重い処分を意味しているが、還俗よりも軽いものである。福楊は、還俗させられはしなかったが、外国の寺に配されることはなかった。その意味で、福楊が処分された頃の天武朝には、外国寺条に相当する規定はなかったものと思われる。

しかし、天武天皇の殯の最中に大津皇子の謀叛事件が発覚し、その与党として新羅僧行心が飛驒の寺に配されている。[16] これは、まさしく外国寺条に依拠したものであると思われる。そもそも、外国寺条が、苦使刑の最も重い刑として認識されるには、それが犯僧にとって大いに困難を伴うものとして認識されて、初めて刑として成り立つものである。すなわち、畿内と地方（外国）の仏教事情の大きな落差があって、初めてそれが刑として成り立つのである。

初期の仏教史研究では、黒板勝美《くろいたかつみ》氏が、奈良時代の仏教を国家仏教と位置づけ、地方に仏教が開花するのは、平安時代以後のことであるとされた。[17] たしかに、仏教の空白地である畿外に僧侶が追いやられることは、十分に刑として成り立つことになる。しかし、天武朝の初期にお

いては、外国寺条に相当する条文がなかったと思われるのである。

これに対して、藤本誠氏は、奈良時代の仏教には、国家仏教と位置づけられる仏教とは別に、地方の民衆が信仰した独自の仏教の存在したことを指摘される。(18) 藤本氏は、『日本霊異記《にほんりょういき》』や『東大寺諷誦文考《とうだいじふうじゅぶんこう》』の資料を引用し、十分に説得力のある論を展開されている。ただ、私は、仏教伝来前後に、多くの渡来人が我が国にやってきていることに注目したい。彼らは、母国で信仰していた仏教をかならずや携えていただろう。そして、彼らは畿内だけでなく、全国各地に定住しているのである。(19) しかも、白鳳期には畿外諸国に爆発的に寺院が建立されているのである。(20) このことから、かなり早い段階で地方には仏教が定着していたと考えることができるだろう。

†畿内・畿外における仏教事情

そのため、天武朝の初期段階においては、畿内と畿外における仏教信仰は質的な異なりはあったであろうが、それほどに格差がなかったものと思われる。すなわち、天武朝初期においては、僧侶を畿外に追いやることが刑としては成り立たなかったものと思われるのである。ところが、天平期において、畿内では誦経《ずきょう》できる僧侶が存在したが、地方ではほとんど存在していなかったのである。(21) 一方、奈良時代の前半においては、誦経記事がみられず、京畿内においても、誦経できる僧尼はそれほどいなかったと思われる。

このような現実をみると、白鳳期に仏教は爆発的に地方に波及したが、天武朝の初期段階においては、畿内と地方の仏教事情の落差は、それほど大きくはなかったものと思われる。しかし、天武朝の最晩年になって、仏教の普及と国家的保護の進展とともに、畿内と地方の落差が大きくなったものと思われる。したがって、外国寺条に相当する規定は天武朝の最晩年に成立したものであろう。

ただし、大宝令や天武朝の規定では、律に依って処断することになっていたから、苦使刑そのものが存在しなかったと思われる。したがって、大宝令や天武朝の外国寺条に相当する規定は、苦使刑の延長線上に存在したのではなく、別の要因から編み出された規定であると考えるべきであろう。

また、大陸からの新しい教えである仏教をもたらす僧尼は、新知識をももたらす存在でもあった。孝徳朝の白雉元年二月九日に白雉が献上されたが、その故事を宮中において説明しえたのは僧侶たちであった。斉明朝に測量器具である指南車を完成させたのは、僧の智踰《ちゆ》であった。しかし、このような僧侶たちの新知識は、不用意に扱えば社会を混乱に陥れることも見込まれた。そのため、僧尼令においては卜相吉凶条《ぼくそうきっきょうじょう》が次のように定められている。

凡そ僧尼、吉凶を卜ひ相り、及び小道、巫術《ふじゅつ》して病癒さば、皆還俗せよ、其れ仏法に依りて、呪をもちて疾を救はむは、禁ずる限りに在らず、

僧尼は、知ったかぶりをして、むやみに吉凶を占ってはならないのである。これに関して、『日本書紀』天智天皇元年四月条に、次のような記事がみえる。

夏四月、鼠《ねずみ》馬の尾に産す、釈道顕《どうけん》占ひて曰く、北国の人将に南国に附かむと、蓋し高麗破れて、日本に属かむか、

この時、鼠が馬の尾に子鼠を生んだのであるが、僧の道顕がこれを占ったのである。その結果、この現象は北国が敗北して南国に下ることを意味しているというのである。具体的には、高句麗が敗北して日本に降参するだろうというのである。鼠が馬の尾に子鼠を生むことと、朝鮮半島の緊迫した状況がどのように関係しているのかは全く分からない。しかし、新知識を有するとされる僧侶が、そのように喧伝すれば、多くの人がうなずいたことであろう。もちろん、その後の半島情勢は、道顕の占いの通りにはならなかったことは周知のことである。

これをみると、道顕の行為はまさしく、僧尼令の卜相吉凶条に抵触するものである。ところ

で、先述の通り天武朝の仏教関係記事は、六九件にも上るほど多くみられる。しかし、その中に、僧侶が吉凶を占ったという記事は皆無である。前代の天智朝に行われていた僧侶の行為が、仏教関係記事が極めて多い天武朝では、まったくみられないのである。このことから、卜相吉凶条に相当する規定が天武朝には、すでに存在したのではないかと思われるのである。

†山林修行に対する厳しい規制

さらに、先にみたように天武朝には聴着木蘭条に相当する規定があったと思われる。その意図するところは、明らかに僧尼身分のものを、そうではないものと識別するためのものであろう。そのことは逆説的に言えば私度僧をこれまで以上に厳格に取り締まる傾向があったものと思われる。僧尼令の私度条には、次のように記されている。

凡そ私度及び冒名を相ひ代れる、幷せて已に還俗を判りて、仍りて法服を被れば、律に依りて科断せよ、師主・三綱、及び同房人、情を知りたれば還俗せよ、同房に非らずと雖も、情を知りて容止《ようし》して、一宿以上を経ば、皆百日苦使、即ち僧尼の情を知りて、浮逃人《ふとうにん》を居り止め、一宿以上を経ば、亦百日苦使、本罪重くは、律に依りて論ぜよ私度僧や僧侶の名をかたって僧侶のようにふるまうこと、及びすでに還俗しているにもかかわらず、法服を着て僧尼のようにふるまうことを罰する規定である。加えて、そのようなものを知りながら、容認したものにも罰則が与えられることが記されている。天武朝において、僧尼の装いや法服の色を厳格に定めなくてはならなかった背景には、私度僧の横行と、その廃絶を焦眉の課題としたからであろう。律令制下の私度条ほど厳格なものではなかったにしろ、私度条に相当する規定は、すでに天武朝に存在したと考えてよいだろう。

さらに、天武朝には非寺院条に相当する規定が明記されていた。このため、例外的とはいえ寺院外で山林修行をする僧侶が存在したはずである。律令制度下にはそのような山林修行をする僧侶のために、その届け出手続きの規定が、禅行条として次のように明記されていた。

凡そ僧尼、禅行修道有りて、意に寂に静ならむことを楽ひ、俗に交らずして、山居を求めて服餌せむと欲《おも》はば、三綱連署せよ、在京は、僧綱、玄蕃《げんば》に経れよ、在外は、三綱《さんごう》、国郡に経《ふ》れよ、実を勘へて並に録して官に申して、判りて下せ、山居に隷《つ》けらん所の国郡、毎に在る山を知れ、別に他処に向ふことを得じ、

山林修行は、厳しい監視の下でしか許可されなかったのである。道鏡政権下で、その政策に

不満だった栄興《えいこう》禅師は、その身を熊野の山中に投じた[22]。山林修行は、ともすれば政権に反抗する手立てとなりえたのである。それゆえ、山林修行は国家の管理下に置かれたのであろう。

天武朝に非寺院条に相当する規定がある以上、その例外規定として禅行条に相当する規定も天武朝には存在したとみることができるだろう。すなわち、先に指摘した五箇条に加えて、外国寺条・卜相吉凶条・私度条・禅行条の四箇条に相当する規定も、すでに存在したものと考えてよいだろう。

4　天武朝の仏教諸規定と僧尼令の編目

†僧尼令の編目と対比して

以上、天武朝の仏教政策について、憶測を交えながら史料に即して概観した。まず、僧尼を統率する僧綱が天武朝の法に依って任命された（任僧綱条相当、以下同）。そして、僧尼はその知識をもってむやみに占いを行ってはならない（卜相吉凶条）。また、その活動は政府の関知する寺院内に限られていた（非寺院条）。そして、僧尼を象徴する法服を着用し（聴着木蘭条）、私度僧とは明確に峻別されていた（私度条）。僧綱の指導の下に規律ある生活をしなくてはならなかった（任僧綱条）。その生活の中で、巷間において官人と行き交う際の作法は、かなり厳格に定められていた（遇三位《ぐうさんみ》已上条《いじょうじょう》）。最後に、犯僧に対してはそのまま俗法によって処断され、養老令に規定するような告牒による徒一年の免除や、杖刑を苦使に換算するというような、僧尼に対する優遇制度はなかった（准格律条《じゅんきゃくりつじょう》）。このことに関して、天武朝の最晩年には犯僧を外国（畿外）に追放する刑も実行されるようにもなった（外国寺条）。

このように通観すると、『日本書紀』にみえる天武朝の仏教政策は、僧尼の国家による管理（卜相吉凶条非・寺院条・任僧綱条・聴着木蘭条・私度条・禅行条）と、国家官人との関係明示（遇三位已上条・准格律条・外国寺条）に分類することができるようである。このような天武朝の仏教政策の特徴を明確にするため、僧尼令の編目との対比をする必要があるだろう。

養老令の僧尼令は、周知の通り総じて二七箇条である。これらの各条について、律令国家が仏教界に求めた意図を簡潔にみてみることにしよう。まず、観玄象条と卜相吉凶条は、国家の威令を脅かすような流言が、新知識を有する僧尼から発せられることを恐れたものであろう。したがって、この二箇条は、仏教と国家の関係を明らかにし、国家の威令が優先することを明示した条文であり、国家制度と仏教界の相対関係を規定したものである。

自還俗条は僧尼還俗の手続き規定及びその罰則規定で、三宝物条《さんぽうぶつじょう》は寺の財産の流用、三綱の規律違反等に関する罰則規定である。そして、非寺院条は先に述べた通りであり、これらはともに、国家による僧尼の管理である。取童子条《しゅどうじじょう》は僧尼に供侍すべき童子の資格に関する規定であるが、僧尼と交わる俗人を規則によって限定する意図であるから、やはり国家による僧尼管理と言えるだろう。したがって、これら四箇条は、国家による僧尼の管理を意図した条項であるとみることができるであろう。

飲酒条は、僧尼に飲酒を禁じるもので、僧尼の生活規範といえるであろう。有事可論条は、僧尼の規定外の嘱請等を禁じる規定である。僧尼が官吏に対してむやみな要求をすることをいさめており、国家と仏教界の相対関係を規定したものである。また、作音楽条《さくおんがくじょう》は僧尼の音楽・賭博行為を禁じるものであり、僧尼の生活規範といえるであろう。聴着木蘭条は、先述の通り僧尼身分を明らかにするものであり、国家による僧尼の管理に係る規定である。

僧尼が僧房に異性を招くことを禁じた停婦女条と、僧と尼の不用意な交際を禁じた不得輒入《ふとくちょう》尼寺条《にじじょう》は、ともに日常規範に係る規定である。山林修行の手続きを定めた禅行条、先述の任僧綱条・修営条、さらに僧尼が俗人を称することを禁じた方便条は、ともに国家による僧尼の管理に関する条項である。

僧尼が官司に参ずる際の手続きを規定した有私事条は、国家と仏教界の相対関係に関する規定である。不得私蓄条は僧尼の蓄財を禁じており、生活規範に関する規定である。遇三位已上条は、先述の通り国家と仏教界との相対関係に関する規定である。身死条は僧尼の死亡後の手続きに関する規定であり、僧尼の国家による管理に係る規定である。准格律条は、先述の通り国家と仏教界の相対関係に関する規定である。私度条も国家による僧尼身分の管理に係る規定である。

†仏教界に対する俗（為政者）の警戒と対策

僧尼の俗人の歴訪教化を禁じる教化条、本来奴婢であったものが還俗した場合の俗界での扱いを規定した出家条、犯僧を地方寺院に流罪に処することを規定した外国寺条は、ともに、国家と仏教界との相対関係を規定したものである。布施条は布施を受ける品目を規定したもので、日常規範に関するものと思われる。最後に、僧尼の焚身捨身《ふんしんしゃしん》を禁じた焚身捨身条も僧尼身分にかかわるものであり、国家による僧尼の管理であろう。

以上、僧尼令二七箇条を大雑把に分類した。それによると、国家及び官人と仏教界の相対関係を規定した条文が九箇条、国家による僧尼の管理に関係した条文が一二箇条、僧尼の日常規範に関した条文が六箇条となる。(23) すなわち、僧尼令の性質は僧尼の管理が第一眼目であり、次いで、古代社会において特殊な権利を有する仏教界と国家のあり方を、どのように対応させるかに腐心した法令群であったということができるだろう。

このような律令制度下の傾向を承知したうえで、先にみた天武朝の仏教政策をみると、やはり、国家による僧尼の管理に関する規定が最も多く、国家と仏教界の対応関係に関する規定が、それに次いでいることが明瞭に分かる。しかも、わずかとはいえ、僧尼令に存在した僧尼の日常規範に関する規定は、天武朝の記事からは全くみることはできない。だからと言って、僧尼の飲酒や賭博、さらには僧と尼の通交が、天武朝では問題にされなかったというわけではないだろう。

それらの日常規範は、あまりにも日常茶飯のことであったため、『日本書紀』の編者が記事として収録しなかった可能性が高いと思われる。おそらく、このような日常規範は僧尼を取り締まる僧綱が独自に監督するものであると考えられたのであろう。それでも、僧尼令を通観しても、日常規範に関する条文は、扱いが極めて軽易に思われる。やはり、僧尼令を渇望した政府にとって最も大きな関心事は、僧尼の国家による管理であり、国家と仏教界の対応関係であったと思われる。すなわち、僧尼令はあくまでも俗（為政者）から仏教界に対する施策を列記したものであると思われる。そして、そのような傾向が、明らかに天武朝からみられるのである。

5　天武朝の仏教政策の意義

†焦眉の課題としての僧尼の管理

白鳳期の仏教は、それまでの飛鳥期とは異なり、飛躍的に地方に広がった。地方だけでなく大化元年八月八日には、孝徳天皇が仏教興隆の詔を発し、京中・畿内の仏教界も活気づいた。天智天皇七年是歳条によると沙門道行が、草薙劒《くさなぎのつるぎ》を奪って逃走を図ろうとした記事がみえる。不届きな僧侶であるが、このような僧侶が、その後いかなる処分を受けたかを知ることはできない。

また、大海人皇子は天智天皇から譲位を打診されたが、出家することを申し出て、即座に内裏の仏殿で剃髪し、出家してしまったのである。すなわち、近江大津京には内道場に相当する仏教施設が間違いなく存在していたのである。(24) このように、宮廷の奥深く浸透していた仏教に対して、天智朝に仏教を統制するような政策が発せられた形跡は認められない。それにもかかわらず、天武朝になると仏教や僧尼を統制するための仏教政策が矢継ぎ早に出されているのである。

周知の通り、浄御原令の編纂命令は、天武天皇一〇年のことである。(25) そして、その頒布がなされたのは、持統天皇三年のことである。(26) 天武朝の仏教政策は、浄御原令の編纂開始を待たずして、天武天皇の手によって強力に推し進められたことになるだろう。そして、この天武朝の仏教政策が、大宝令や養老令に引き継がれていることから考えて、浄御原令にも、僧尼令に相当する法令群が存在したと考えても差し支えないであろう(27)。

我が国が模範とした唐令に存在しない僧尼令を、天武天皇は浄御原令の編纂に先駆けて着手していたのである(28)。その背景には何があったのであろうか。天武朝の仏教政策をみると、最初に、壬申の乱の翌年、いまだ乱の戦塵が収まらない天武二年一二月二七日に、小僧都を任命し、それを支える事務官僚である佐官の増員を行っている。

このことから、乱後、天武天皇は僧綱による僧尼の管理を焦眉の課題と考えていたことは間違いないであろう。そして、それが壬申の乱の直後であるということを考えると、天武天皇がそのように考えるようになった原因は、壬申の乱にあったのではないかと推測される。それでは、壬申の乱において、白鳳期の仏教界はどのような動きを示したのであろうか。

†出家者が政界に跋扈することへの恐れ

壬申紀において、寺院や僧尼等その関係者が、乱に関与した記事は極めて少ない。六月二九日是日条によると、大伴連吹負《おおとものむらじふけい》が飛鳥古京をおとしれるため、飛鳥寺周辺が主戦場になったことがみえる。しかし、飛鳥寺の僧尼たちがどのような動きを呈したかについては、詳しい記述がみられない。ただ、第一章で述べたように、大化改新のクーデタを機に、飛鳥寺は朝廷に接収されていたと思われる。そして、その後も天智天皇の影響下にあり、壬申の乱においては近江方にあったと思われる。飛鳥古京を陥れんとする吹負が、まず飛鳥寺を目指したのも、そこに理由があったのだろう。

ところが、七月二日に中道を進軍して村屋に至った吹負が、近江方の別将廬井造鯨《いおいのみやつこくじら》に宿営を攻撃され、極めて不利な状況に陥った。そのとき、大井寺の奴である徳麻呂らの救援があったことが述べられている。(29) この場合は、大井寺の関係者が吉野方に加勢したことが分かる。

壬申紀にみえる乱と仏教界との関係をかたる戦闘行為は、以上たった二件である。

皇嗣の地位を放棄した天武天皇と、太政大臣の大友皇子が戦う際に、飛鳥寺と大井寺は、全く異なった動向を示しているのである。このことは、天智朝末年の仏教界が太政大臣の威令の下に統一した行動がとれていなかったことを示しているのである。すなわち、政府機構が仏教界を統制できていないことを如実に示しているといえるであろう。

ところで、壬申の乱に突入する直前に、先述のごとく天武天皇は出家しているのである。彼に本当に出家する意図があったのか、それとも単なる方便であったのかは分からない。(30) しかし、近江方の人々は、「虎に翼を着けて放てり」と嘆いたことが天武紀上(壬申紀)にみえる。これは、近江方の大友皇子やそれを取り巻く官僚たちが、出家する大海人皇子を危険な存在であると自覚していた証拠である。それでも、彼らは大海人皇子の出家を看過しなくてはならなかったことを意味しているのである。

すなわち、天智朝末年においては、出家者に対して政府はいかなる制約を課すこともできなかったことを示している。大海人皇子が出家すると主張すれば、それを阻止する手立ては全くなかったのである。そして、吉野の山中で修行すると言えば、それを禁じる非寺院条のような制度・規定は皆無だったことを雄弁に示している。

天智天皇とともに政治を行ってきた大海人皇子だからこそ、そのことを熟知していたのであろう。(31) それゆえに、彼は出家を申し出たのである。大友皇子やそれを取り巻く近江方の官僚たちも、そのことがいかに危険なことであるかを予見できたにもかかわらず、その申し出に口をはさむことすらできなかったのである。すなわち、天智朝においては、仏教界や僧尼を統制する具体的な施策はなかったといえるであろう。もちろんそのおかげで、大海人皇子は無事に吉野に入ることができたのである。そして、その後の壬申の乱に勝利を収めることができたのである。

大和に凱旋して、天武天皇として即位した彼は、自分の出家と吉野における修行を顧みて、仏教界の統制を焦眉の課題であると痛感したことであろう。僧尼を僧綱によって、天皇の発する「法」に基づいて統制することができたならば、出家者の行動を制約することができたであろう。そして、非寺院条に相当する規定があれば、吉野での修行を申し出るものを自由にさせることなく制約できたであろう。

壬申の乱に勝利した天武天皇は、自らの行動を顧みて、出家者を国家の管理のもとに置くべきことを痛感したであろう。そして、僧尼を天皇の傘下に置くために、国家と仏教界の対応関係を明示する必要を痛切に感じたであろう。もし、そのことを怠れば、翼を着けた何頭もの虎が、天武朝の政界に飛び交うことになる。天武天皇は、出家することによって無事を得た自分の経験から、天武朝における仏教統制政策を、強力に推進したものと考えられるのである。

6　本章のまとめ

本章では、天武朝の仏教政策について考えてきた。まず、天武紀には仏教関係記事が、他の天皇紀に比べて、非常に多いことを指摘した。あわせて、前後の天皇紀には皆無である仏教統制に係る記事が五件も存在することを指摘した。次いで、その仏教統制記事が意図すると思われる政策を、史料に即して概観した。その結果、天武朝では僧尼の国家による統制と、政府・官僚と僧尼との相対関係を明示する政策が、強力に推し進められていたことを明らかにした。

そして、そのような天武朝の政策意図を、律令制下の僧尼令の意図するところと比較するため、僧尼令の編目を概観した。僧尼令は二七箇条あるが、最も重点を置いた課題は、僧尼の国家による統制であり、次いで、仏教界と政府・官僚との相対関係を明示することであり、僧尼の日常規範に関する規定は、極めて軽易であることを指摘した。しかも、律令制下におけるこのような政策は、天武朝の仏教政策に淵源を有するものであると提起した。

また、天武朝のこのような政策は、浄御原令編纂開始を待たずに推進されていた。したがって、天武朝の仏教政策が、浄御原令に取り入れられ、そこに僧尼令に相当する法令群が存在したであろうと推定した。そして、唐令にない僧尼令が、我が国に設けられたのは、まさしくこのような天武朝の仏教政策を原点とするであろうと推定した。

最後に、このような天武朝の仏教政策が、いかなる必要性から推進されるようになったのかを考察した。天武朝の仏教政策が、壬申の乱直後から強力に推進されていることから、その原因が壬申の乱にこそあるものと推定し、壬申の乱の経緯を分析した。その結果、近江方の衆目監視の中で、近江大津京を脱出し、吉野に隠棲することができた最も大きな要因は、天武天皇が出家し、僧籍に身を置いたことであったと指摘した。

近江方は、吉野に隠棲する天武天皇を、「虎に翼を着けて放てり」と、甚だしい危惧を抱きながらも、座視する以外にすべはなかったのである。すなわち、天智朝末年の近江方政府には、出家者を統御する規定もなければ、政府・官僚との相対関係を明示する規定も存在していなかったのである。そのような状況の中で、天武天皇は出家することによって、近江方政府の管轄外に逃避することができたのである。その結果として、最終的に壬申の乱に勝利することができたのである。

壬申の乱に勝利し、政権を掌中に収めた天武天皇は、野放し状態の仏教界が、自らの政権にとって極めて危険な存在であることを、自らの経験から認識していたのである。僧尼と仏教界を政府の手によって統御することを怠れば、かつての自分のように、翼を着けた虎が何頭も雄飛するであろうことが容易に推測できたのである。それゆえに、天武天皇は、律令の編纂開始に先駆けてでも、仏教界の統制に着手しなければならなかったのであろう。

注

（1）拙稿「古代寺院の地方波及」（網干善教先生古稀記念『考古学論集』下、同会、一九九八）は、白鳳期の地方への仏教波及の要因を、国造軍を組織した地方豪族が、朝鮮半島において、自ら直接仏教に接したことと、律令制収奪機構の成立によって、地方豪族が自ら寺院を建立し、その私財を緊急避難的に施入したことによるとした。

（2）『日本書紀』天智天皇十年十一月二十三日条によると、「内裏西殿織仏前」において、大友皇子と近江方官僚らが誓盟したことがみえる。

（3）天智紀の仏教関係記事は、元年四月に道顕が占ったこと、四年三月一日に間人皇后のために三三〇人を得度させたこと、七年是歳に道行が草薙剣を盗もうとしたこと、九年四月三〇日に法隆寺が焼亡したこと、一〇年一〇月是月に法隆寺に珍財を奉納したこと、一〇年一〇月一七日に大海人皇子が宮中で出家したこと。一〇年一一月二三日に大友皇子をはじめとする近江方官僚が宮中繡仏の前で盟約したこと、以上がすべてであり、仏教統制に関る記事はみえない。

（4）持統紀の仏教関係記事は、一〇年間で四一件みられるが、主に祈願薬用に関する記事で、仏教統制に関る記事は皆無である。

（5）拙稿「古代寺院の地方波及」（網干善教先生古稀記年会『考古学論集』下、前掲注1）参照。

（6）天武紀上、天智天皇四年一〇月一九日条によると、「壬午、吉野宮に入る、時に左大臣蘇賀赤兄・右大臣中臣金連、及び大納言蘇賀果安臣等送る、菟道より返る、或は曰く、虎に翼を着けて放てり」とある。

（7）『令集解』任僧綱条に引用する大宝三年正月二二日太政官処分によると、「僧綱の佐官僧に任ずるは、官に申して後補任せよ、解任も亦同じ」とあり、その立場はやはり厳選されていたことが分かる。

（8）薗田香融「国家仏教と社会生活」（岩波講座『日本歴史』四、一九七六）では、「僧尼令は、徹底した仏教統制のために制定されたものではなく、却って僧尼優遇のために設けられた」とする。

（9）井上薫「古代仏教制度論」（『古代村落と宗教』若竹書房、一九五一）は、「刑罰の規定を含むこと極めて多い僧尼令は規定の性質から論ずれば寧ろ律に属すべきもの」と評する。

（10）「僧綱補任抄出」（群書類従第四輯所収）には、天武天皇第二年の項に、「僧正恵師」と記されており、割注に「三月日任、高麗人、鞍部氏」とある。

（11）『令集解』僧尼令聴着木蘭条に引用する古記によると、「古記に云ふ、木蘭と謂ふは黄橡蒲萄等の色是なり、青と謂ふは紺色也、碧と謂ふは縹色也」とあり、表現は異なっていたが、同系の色であったことが分かる。

（12）儀制令在路相遇条にも、三位以下の者が親王に路上で遭遇した際の規定がある。それによると、「馬を斂めて側に立て」とあることから、本条にいう「身を隠せ」とは道を譲れという意味であろう。

（13）『令集解』僧尼令遇三位已上条に引用する古記によると、「古記に云ふ、三位以上に遇はば隠れよ、と謂ふは、若し隠るるに堪へざれば、亦馬を斂へて側に立て、歩に有らば亦同じ也」とある。

（14）三浦周行「僧尼に関する法制の起源」（『法制史の研究』岩波書店、一九五八）参照。

（15）中井真孝「僧尼令・准格律条について」（『ヒストリア』五六号、一九七〇）は、大宝令施行当時、「告牒」の制度が整っていなかったことを指摘する。

るだろう。
(16) 関晃「新羅僧沙門行心」(『続日本紀研究』一‐九、一九五四)は、『続日本紀』大宝三年十月十六日条に、飛驒国から罪を許されて入京を果たした僧隆観の父の名を「幸甚」と記していることから、大津皇子事件で飛驒に配された「行心」と同一人であるとする。これによるならば、行心は間違いなく外国寺条が適用されたことになるだろう。
(17) 黒板勝美『国史の研究　各説の部』(文会堂書店、一九三二)参照。
(18) 藤本誠『古代国家仏教と在地社会』(吉川弘文館、二〇一六)参照。
(19) 拙稿「仏教伝来と渡来人」(『古代史の研究』二〇号、二〇一七年)参照。
(20) 拙稿「古代寺院の地方波及」(前掲注1)参照。
(21) 拙稿「奈良時代における「読経」と「誦経」」(『日本歴史』八二三号、二〇一六年)参照。
(22) 拙稿「栄興禅師小伝」(『田辺市史研究』九号、一九九七年、のち『古代熊野の史的研究』塙書房、二〇〇四年)。
(23) 改めて各条を分類別に示すと、国家と仏教界との関係明示＝上観玄室条・卜相吉凶条・有事可論条・有私事条・遇三位已上条・身死条・准格律条・私度条・教化条・出家条・外国寺条・焚身捨身条の十二箇条、国家による僧尼管理＝自還俗条・三宝物条・非寺院条・取童子条・聴著木蘭条・修営条・禅行条・任僧綱条・方便条の九箇条、日常規範＝飲酒条・作音楽条・亭婦女条・不得輙入尼寺条・不得私蓄条・布施条の六箇条となる。
(24) 薗田香融「わが国における内道場の起源」(『日本古代仏教の伝来と受容』塙書房、二〇一六)は、近江大津京のこの仏教施設を、後世の「内道場」の原型の一つであるとする。
(25)『日本書紀』天武天皇一〇年二月二五日条に、「朕、今より更に律令を定め、法式を改めむと欲す、故に倶に是の事を修めよ」とあり、浄御原令編纂着手が命じられている。その一方で、僧綱の任官は天武二年、官僧の法服の制定は天武八年、官僧と官僚の往来の次第を制定したのは、やはり天武八年である。
(26) 浄御原令の頒布は、『日本書紀』持統天皇三年六月二十九日条に、「諸司に令一部二十二巻を班ち賜ふ」とあることから分かる。ただし、井上光貞「日本律令の成立とその注釈書」(岩波思想体系『律令』一九七六)は、このちに読習・講習を経て一括施行されたものとする。また、押部佳周「浄御原令の成立」(『日本律令成立の研究』塙書房、一九八一)は、その施行時期を持統天皇四年の即位の時であろうと推定する。
(27) 二葉憲香『古代仏教思想史研究』(永田文昌堂、一九六二)は、天武天皇八年に聴着木蘭条・遇三位已上条に相当する規定があることを以て、単行法として出された規定が浄御原令と僧尼令に反映され、僧尼令に相当する法令群が存在したと推定した。一方、薗田香融(前掲注8)は、「これだけの記事から僧尼令の全体系が法令群としてこの時点に完成したと考えることは出来ない」と疑問を呈した。しかし、これまで小稿において述べてきたように、僧尼令の九箇条に相当する規定が、すでに天武朝において出されていたと思われる。このことから、浄御原令編纂にあたって、これらの事実を無視したとは考えがたいのではないだろうか。
(28) 唐令には、僧尼令という編目は存在しないが、道士を含めた出家者を対象とした道僧格があり、日本の僧尼令がそれを手本としたといわれている。しかし、道僧格には苦使刑が明記されているが、天武朝にはそれが存在しなかったと思われる。天武朝の仏教政策は、たしかに道僧格を参考にしたかもしれないが、天武朝独自の要素もみることができる。
(29) 大井寺については、岩波古典文学大系本『日本書紀』当該条の頭注に「村屋付近にあった寺院」とする。
(30) 直木孝次郎『壬申の乱』(塙書房、一九六一)は、大海人の吉野入りについて、「いずれにしても天智の死後、政界に動揺がおこる」と評するが、出家の意味については言及がない。
(31) 中大兄皇子(天智天皇)と大海人皇子(天武天皇)との共治体制の始まりを、直木孝次郎(前掲注30)は、「斉明朝の初年ごろから、大海人皇子と天智、すなわち当年の中大兄皇太子との関係は、すこぶる親密であったと思われる」とする。このことから、天智朝政治の問題点を、大海人皇子は熟知する立場にあったと言えるだろう。

あとがき

本書は、三部構成である。Ⅰは天武天皇の生涯を概観した。とくに、これまで不明であった天武天皇の前半生を、少々強引であるが推測した。そして、天武朝政治を概観し、Ⅱ以降で問題とすべき課題を指摘した。

Ⅱは、皇親政治について考えた。これまで、皇親政治は天皇の親族である皇親が天皇を補佐するものと考えられてきた。しかし、天武天皇の考えた皇親政治は、皇親の範囲を明確にしたうえで、それら皇親を官僚制度の中に位置づけることであった。それゆえに、皇親が官僚となって政治に関与するのである。しかし、皇親の官僚化が達成されることによって、皇親は官僚の中に埋没し、奈良時代後期になると、皇親政治は終焉を迎えるのである。

Ⅲでは、律令制度導入期としての天武朝政治を考えた。まず、天武紀を精査して、浄御原令施行以前の政治組織の復元を試みた。次に、日本が律令制度を欲したのは、中原に隋帝国が出現し、日本と対立する新羅が律令制度導入によって国力を発展させた日本の推古朝であろうと考えた。その後百済救援軍に失敗した天智天皇は、疲弊した豪族と妥協せざるを得なかったため、律令制の導入は後退した。

しかし、壬申の乱に勝利した天武天皇は武力を背景にして強力に律令制度の導入を図った。そして、浄御原令施行時の史料を総覧し、その大要を推測するとともに大宝令と浄御原令の異同関係にも言及した。一方天武紀を読むと、浄御原令編纂命令が発せられる以前から、後代の律令制度と類似した命令が発せられていることに注目した。すなわち、編纂命令が出された時点で、すでに、単行法令として出されていた命令を集大成したものが浄御原令であると考えた。

天武天皇は、出家経験のある天皇である。出家したからこそ命を保ち、壬申の乱に勝利することができたのである。このことから、律令化政策の中でも、とくに仏教政策に焦点を当てた。天武紀にみえる仏教統制策を概観し、その統制策の目的を推測した。そして、それが後代の僧尼令に類似していることを指摘して、浄御原令に僧尼令が存在したのではないかと提唱した。また、これほどに仏教を統制した背景には、自らが仏教界に身を置いて難を逃れた経験があるからであろうと考えた。仏教を、天皇とその政府のもとに管理しなければ、仏教界に身を隠す反乱者が出てしまう危険性を、天武天皇は自らの経験から認識していたものと考えた。

以上が、本書の概略である。次に、私と天武天皇の関係を記しておきたい。私は、学部時代に天武紀上下を読破した。ぜひとも卒業論文は、天武天皇をテーマにしようと思ったからである。読破したといっても、学部生の力量では、いくら読んでも分からない部分が残るのである。岩波古典文学大系『日本書紀』には詳細な頭注と後注が付されている。しかし、情けないことにそれを読んでも理解できない点が残ったのである。

仕方なく先輩に相談すると。直木孝次郎先生の名著『壬申の乱』(塙書房、一九六一)を紹介された。さっそく読んでみると、「目から鱗が落ちる」とはこのことなのかと実感した。天武紀を読んで分からなかったところがすべて理解できるようになったのである。これで卒業論文が書ける、と思いきや、結果は全く逆であった。天武天皇に関する課題は、すべて直木先生が解き明かしてくださっているので、卒業論文にするべきテーマがみつからないのである。仕方なく、卒業論文は別のテーマで提出したのである。

あれから、半世紀が経過した。本書では直木先生の御説を批判している部分も少なくはない。半世紀を経て、やっと直木先生に少しばかりの抗弁をすることができるようになったのだと思っている。また最近、多くの先生方が壬申の乱や持統天皇など、天武天皇の周辺にかかわる問題をテーマとした書籍を出版しておられる。それらを手にすると、この半世紀の間に私が書き続けた天武天皇に関する論文が、少なからず引用されていることを知ることができた。

そのような書籍に遭遇するたびに、私のやってきたささやかな研究も、少しは役に立っているのだなと思うとともに、私は確かに天武天皇を研究していたのだと思うようになった。その一方で、私の天武天皇研究を過去のものとして取り扱ってよいのだろうかとも思うようになった。そんな折、筑摩書房の松田健氏から本書執筆のお誘いがあった。そんなわけで、本書をまとめることになったのである。

ちょうど本書が刊行される二〇二三年の四月一一日に私は古稀を迎えた。したがって、本書は古稀を記念するものでもあるが、私の半世紀にわたるささやかな天武天皇研究の集大成である。しかし、本書が掲げた課題を十分に語りつくせているかといえば、自信のない箇所も少なくはない。それは全く私の実力不足である。そのような問題については、私の天武天皇研究を過去のものとしないように、今後の自らの課題として、真摯に取り組んでいきたい。最後になったが、浅学菲才の私に、本書を執筆させようと決断してくださった筑摩書房の喜入冬子社長に感謝の念をささげたい。また、怠惰な私を常に励まし、終始編集に尽力くださった松田健氏にも、特段の感謝をささげたい。

ちくま新書
1725

天武《てんむ》天皇《てんのう》

二〇二三年五月一〇日　第一刷発行

著者　寺西貞弘（てらにし・さだひろ）

発行者　喜入冬子
発行所　株式会社 筑摩書房
東京都台東区蔵前二-五-三　郵便番号一一一-八七五五
電話番号〇三-五六八七-二六〇一（代表）
装幀者　間村俊一
印刷・製本　株式会社 精興社

ISBN978-4-480-07557-4 C0221

ちくま新書

1300
古代史講義
――邪馬台国から平安時代まで
佐藤信編
古代史研究の最新成果と動向を一般読者にわかりやすく伝えるべく15人の専門家の知を結集。列島史の全体像が1冊でつかめる最良の入門書。参考文献ガイドも充実。

1391
古代史講義【戦乱篇】
佐藤信編
日本の古代を大きく動かした15の戦い・政争を最新研究に基づき正確に叙述。通時的に歴史展開を見通すとともに、時代背景となる古代社会のあり方を明らかにする。

1480
古代史講義【宮都篇】
佐藤信編
飛鳥の宮から平城京・平安京などの都、太宰府、平泉まで古代の代表的宮都を紹介。最新の発掘・調査成果をもとに都市の実像を明らかにし、古代史像の刷新を図る。

1579
古代史講義【氏族篇】
佐藤信編
大伴氏、物部氏、蘇我氏、藤原氏から源氏、平氏、奥州藤原氏まで――各時期に活躍した代表的氏族の展開を、最新研究から見通し、古代社会の実情を明らかにする。

1497
人事の古代史
――律令官人制からみた古代日本
十川陽一
報復左遷、飼い殺し、飼い慣らし……。天皇を中心に国を統治をするために様々な人の差配が必要となった。国家の礎となる官人とその支配制度に光を当てた一冊。

1555
女帝の古代王権史
義江明子
古代天皇継承は女系と男系の双方を含む「双系」的なものだった。卑弥呼、推古、持統らに焦点を当て古代王権史を一望。男系の万世一系という天皇像を書き換える。

1703
古代豪族 大神氏
――ヤマト王権と三輪山祭祀
鈴木正信
ヤマト王権の国家祭祀を担った氏族、大神(おおみわ)氏。三輪山周辺が政治の舞台だった五～六世紀に祭祀を職掌として台頭した大神氏と古代王権の実態を解明する。